学术写作と研究方法入門

日语毕业论文实践与答辩

海口经济学院学术出版资助项目
东方外贸外语学院学术出版资助

曹春玲 郁青 ◎ 著
神田英敬 ◎ 审订

华中科技大学出版社
http://press.hust.edu.cn
中国·武汉

内 容 提 要

《日语毕业论文实践与答辩》是一本应用型模块化教材。本教材围绕日语毕业论文的操作流程组织材料，包括论文选题、研究计划、资料收集与整理、先行研究论文的读解、归纳和总结，开题报告的构思与撰写，论文摘要、绪论、本论、结论、参考文献、谢词和答辩等从准备到结束的各个环节。本教材引导学生通过实践掌握相关理论知识和语言技巧，再结合人工智能和计算机基础操作等手段对自己的论文进行全面分析、修正与润色，为撰写合格的日语毕业论文打下扎实的基础。本教材还涉及日语毕业论文的答辩准备与技巧，这方面内容在同类书中还不多见。为方便教师使用，本书配有ppt课件及其他教学相关数字化内容。

图书在版编目(CIP)数据

日语毕业论文实践与答辩 / 曹春玲，郁青著. —武汉：华中科技大学出版社，2024.5
ISBN 978-7-5772-0713-1

Ⅰ.①日… Ⅱ.①曹… ②郁… Ⅲ.①日语－毕业论文－写作 Ⅳ.①H365

中国国家版本馆CIP数据核字(2024)第092156号

日语毕业论文实践与答辩　　　　　　　　　　　　　　　　　　　　　曹春玲　郁青　著
Riyu Biye Lunwen Shijian yu Dabian

策划编辑：刘　平	
责任编辑：刘　平	
封面设计：廖亚萍	
责任校对：张汇娟	
责任监印：周治超	
出版发行：华中科技大学出版社（中国·武汉）	电话：（027）81321913
武汉市东湖新技术开发区华工科技园	邮编：430223
录　　排：孙雅丽	
印　　刷：武汉开心印刷有限公司	
开　　本：787mm×1092mm　1/16	
印　　张：10.75	
字　　数：243千字	
版　　次：2024年5月第1版第1次印刷	
定　　价：39.80元	

本书若有印装质量问题，请向出版社营销中心调换
全国免费服务热线：400-6679-118　竭诚为您服务
版权所有　侵权必究

前 言

《日语毕业论文实践与答辩》（日文名《日本語卒業論文の実践と発表》）是笔者在高校工作15年来在本专业领域里教学与研究的再升华。笔者几十年来一直从事高校日语专业教学工作和日语毕业论文指导工作，根据国内学生日语现状，摸索并总结出具有可操作性的写作思维理念、方法，以及教学方法，这也是在多届毕业生论文指导和修改过程中得出的实战经验。

本书是2022年校级立项教材《学术写作与研究方法入门》的结项成果，通过课堂试用，教学效果和教学评价良好。校外同行与专家评价本书知识结构合理、内容得当、实践性强、教学方法灵活。学生评价本书学习任务充实，实践环节灵活多样，实用性强，切合日语本科毕业生论文写作与答辩的实际需求。

本书系统总结了学术入门与研究方法的基础知识，采用PPT课件和线下+线上混合式教学模式，教学方法多样，旨在教给学生学术思维的模式和终生学习的能力。

教材结构： 本书主要由7章构成。

第1章论述何为毕业论文及其结构（論文とは何か？）；第2章介绍查阅文献的方法、技巧及如何梳理、筛选与总结等（文献、資料、史料の検索）；第3章手把手教学生开题报告的构思与写作技巧（開題報告のテクニック）；第4章通过实例分析、讲解学术论文（モデル論文における実践マニュアル）；第5章教授学生摘要的写作技巧以及如何选出适合的关键词、如何写谢词等（要旨、キーワード、謝辞のテクニック）；第6章以实操为主线，培养学生论文阅读与写作的能力（卒業論文の読み取りとスキル演習）；第7章为毕业论文答辩指南（卒論発表の実践マニュアル）。

撰写毕业论文的意义： 毕业论文写作是学生自主确立研究方向、查阅文献、发现问题、探究答案并得出客观结论的过程。首先，学生在面临选题时，既要具备良好的专业知识，又要有深厚的基础课和公共课知识，并且要在已学过的专业知识基础上，进一步学习掌握与研究方向相关的理论知识，从众多知识点中寻找到自己感兴趣的选题，思考选题的意义。其次，学生需要调查研究，搜集资料，整合材料，了解和掌握论文题目的研究现状，在此基础上，认真考虑论文的写作框架、所要阐述的中心、分析角度、主要观点以及主要论据等。在整个毕业论文期间，学生都要积极主动地学习和思考，这也是培养学生创新意识的重要过程。

能力培养： 完成一篇像样的毕业论文，学生应具备以下六大能力。

第一，有较宽的知识面，能系统掌握和运用所学专业知识；
第二，有一定的分析归纳能力、逻辑思维能力、批判性思维能力和写作基本功；
第三，网络检索能力、资料收集整理能力、归纳总结文献的能力；
第四，自主学习能力和语言综合运用能力；
第五，运用所学知识对某一问题进行探讨和研究的能力；
第六，独立分析材料、建构论文框架、提出问题、分析问题和解决问题的能力。

教学目标： 使学生掌握毕业论文从查阅资料到确定选题、搭建框架、写作、定稿、答辩等各个环节的技能。

第一，读解学术论文并进行归纳总结、评价、分析，掌握更详细的学术专业知识和所研究范围的学术动态，思考自己的论文选题方向；
第二，通过查阅与总结，了解毕业论文写作前的文献与资料；
第三，掌握本专业论文的写作特点、格式规范及常用的研究理论和研究手段；
第四，掌握论文中图表插入、文本编辑的技巧及其他文本排版技巧；
第五，熟悉PPT制作技巧及论文答辩内容呈现方法，并流畅答辩。

教学思路： 毕业论文写作课程的授课模式完全以学生为中心，以尊重学生个性为原则，以开展课堂讨论的方式进行。导师的最大作用在于引导学生主动思考并提出问题，指导学生如何找到答案，而不是直接给出答案。要教给学生如何提出问题、找到答案、继续探索下一个新问题的方法，即追求真理的方法。

学生学习的过程"是一个问题的提出、理解及解决并产生新问题的过程，是一个知识作为问题解决的工具被探索、被发现的过程"。据此，本课程实施的教学方法主要以读解学术论文为主线，根据论文的绪论、本论、结论等，思考各个环节的内容，在课堂上实施师生互动、生生互动，再结合线上+线下的教学方法，由任课老师提出问题，以小组为单位展开讨论，发言者根据大家的建议或意见，进一步补充完善解决问题的方法，争取在"学术写作与研究方法"的课堂教学中，使学生基本上确定自己的论文选题，拿出论文提纲，完成开题报告的定稿。

毕业论文写作教学过程中需要增强学生的主体意识与阅读主动性，要在学生之间、学生与导师之间建立起互动的学习、交流机制，提高学生的学习积极性。课堂教学中要引导学生尊重知识、保护知识产权，严格遵守应用他人研究成果的规则；论文的选题、文献综述、研究内容、研究方法、运用的资料等均要严格把关，坚决杜绝抄袭行为，培养学生的学术品德。

教材特色： 从拟定研究方向，收集、整理与归纳文献与材料，确定主题，到论文整体写作，再到答辩环节，本书都有详细论述，所提供的学术性范例也具有很强的实践性。本书以双语呈现，文字简练，通俗易懂，能帮助读者很好地认知、读解、总结、模仿，直至独立完成一篇完整的日语毕业论文。笔者对毕业生进行过数十年的论文指导，形成了一整套比较完整的教学方法与写作思路，相信对日语专业毕业生顺利完成毕业论文写作及答辩有极大的帮助。

笔者心得： 笔者记得在留学期间最初用日语写论文的情景。熬了几个通宵写好的论文拿给导师看，结果被批了一顿。恩师说："论文不是小说，不可信手拈来；论文不是

感想，要有据有根，有分析有反驳。"恩师常常对我说："研究成果の良し悪しはかいた汗の量に比例する。"就是说"研究成果的优劣和你所流的汗水是成正比的"。之后，笔者开始大量阅读期刊学术论文，分析、总结了数百篇学术论文，并积极模仿学术论文的构思模式以及写作框架、论文用语等，同时积极参加学术研讨会宣读论文，积极参与学术投稿。感谢恩师的教导，笔者在海外顺利获得学术博士学位。

在《日语毕业论文实践与答辩》一书的构思与写作过程中，笔者参阅了大量中文与日义相关著作、文献与资料，深受启发；同时还参考、借鉴并引用了国内外诸多相关学者的研究成果，也参考了相关网站，听取并采纳了试用本书的学生和同行提出的合理化建议。本书得以出版，离不开合作者郁青老师和神田英敬老师的辛勤付出，他们满腔热忱、尽心尽力；华中科技大学出版社的刘平编辑在本书的出版过程中自始至终给予了很大的人文关怀；海口经济学院和东方外贸外语学院给予了大力支持。笔者在此深表谢意！

笔者有意为同行提供本书各章节的 PPT 课件，免费索取请联系 QQ：1036269548 或 QQ：595280592。

本书由曹春玲和郁青合作完成，神田英敬审订。由于笔者水平有限，书中难免有疏漏与错误，敬请广大读者批评指正。

2024 年 5 月于呼和浩特

目 次

1 論文とは何か？ ... 1

    1.1 論文の定義 ... 2
    1.2 研究の範囲 ... 3
    1.3 序論、本論、結論について ... 4

2 文献、資料、史料の検索 ... 7

    2.1 先行研究の読み方と絞り方 ... 8
    2.2 卒業論文テーマの方向付け ... 11

3 開題報告のテクニック ... 13

    3.1 開題報告とは ... 14
    3.2 開題報告の作成 ... 14
    3.3 実例と演習 ... 15

4 モデル論文における実践マニュアル ... 21

    4.1 日本におけるバーチャルアイドルの知的財産化とビジネス価値について ... 22
    4.2 日本語教育に見られる中日敬語の特徴 ... 48
    4.3 異文化コミュニケーションのストラテジー ... 70

5 要旨、キーワード、謝辞のテクニック ... 91

    5.1 要旨のまとめ方 ... 92
    5.2 キーワードの選び方 ... 95
    5.3 謝辞のつけ方 ... 98

6　卒業論文の読み取りとスキル演習　　101

6.1　モデル論文 I　　102
6.2　モデル論文 II　　117

7　卒論発表の実践マニュアル　　131

7.1　プレゼン資料の作成　　132
7.2　発表における実用表現　　137
7.3　卒論の模擬発表の実施　　138

参考文献　　141

付録　　143

- A　アンケート調査の報告　　144
- B　特に気をつけたい文法用語　　151
- C　論文体と口語体の一覧表　　157
- D　院試の研究計画書の書き方　　159
- E　大学院進学への依頼文の見本　　160

1 論文とは何か？

レポートと論文の違い

レポート：授業内容の整理やアウトプットをするためのもの。
　→先生と生徒のコミュニケーションツール

論文：学術的な価値のある新しい発見を説得的に論じるもの。
　→研究者同士のコミュニケーションツール

1.1 論文の定義

　論文というのは文字通り、一つの論説で、自分の意見・主張を述べたり、他人の意見や主張への反論をしたりするような論理的な文章のことを指します。一般的に言えば、論文を書く目的は、人の気付いていないこと、よくわかっていないこと、間違っていることなどをよく「わかるようにする」ことなのです。わかりやすく言えば、理論的な文章、つまり一種の学問的な文章と言ってもよいものです。

　正如字面之意，论文是一种论说，指作者陈述个人观点、论点，或者反驳他人观点、论点等的具有逻辑性的文章。一般来说，写论文的目的是把人们不知道、不明白或搞错了的东西"梳理说明清楚"。简单而言，论文既是一种理论性文章，也是一种学术性文章。

　ここで言われている論文は卒業論文のことです。卒業論文は日本語で「卒論」と呼ぶこともあります。

　卒業論文とは、学部生が学士の学位を得るための「学士論文」のことを言います。「学士論文」は、大学在学中の最終成果とも言えるほどのものであり、通常、最終学年に作成します。一番大切なことは卒業論文を通じて物事を論理的に考え、一人で考える力を身につけることを通し、自分が成長していくことです。

　本书所指毕业论文是本科生用来获得学士学位的"学士论文"。"学士论文"可以说是在大学学习期间的最终成果，通常在最后一学年完成。最重要的事情是通过毕业论文从理论上思考问题，培养个人的思考能力，让自己成长起来。

　卒業論文を書く目的は、学生がすでに身につけた知識を運用する能力を高めることです。教師の指導のもとで、既知の知識を拠りどころに、ある学術的な問題を解決する能力を鍛え、将来、科学研究を行うための能力を初歩的に養成することにあります。

　写毕业论文的目的是提高学生运用已掌握知识的能力。具体而言，就是在教师的指导下，以已知的知识为依据，锻炼学生解决学术问题的能力，以初步培养学生将来进行科学研究的能力。

　ある一つの疑問に思う問題を解決できれば、卒業論文としては合格です。そして、国家所定の「学士」の学位を授けられます。卒業論文を通じて、学生が学んできた専門的知識を全体的にマスターしたかどうかをはかることができます。また、専門科目の総括的な基礎能力の理解度を反映するものには卒業試験（口頭試問）があります。

　能够解决问题，作为毕业论文就是合格的，就能获得国家规定的"学士"学位。毕业论文能否过关，可以衡量学生是否全面掌握了所学专业知识。此外还有毕业考试（口试），主要测试学生的专业综合基础能力。

　また、卒業論文は一種の「研究論文」であり、ある事柄について一定の観察的な立

場で深く考え、内容を整理することが大切です。そして、確実な根拠に基づき、客観的な立場に立ち、比較、対照、推論などといったさまざまな方法で厳密に論証し、研究を進め、新しい知識や意見、主張、思想など誰もが納得できるような結論を導き出すような文章でなければなりません。つまり、学生の総合的な思惟をまとめるのです。

另外，毕业论文是一种"研究论文"，即对某事从一定的角度进行深入思考，并整理相关材料，这是非常重要的。然后，必须依据确凿的论据，站在客观的立场，通过比较、对照、推论等各种方法进行严密论证，一步一步研究，写出大家都能认同的结论，包括新知识、新观点、新主张和新思想。换句话说，它是学生综合思维能力的体现。

要するに、論文とは、特定の学問上の問題について、十分な論拠をもとにして、主張や証明を行う論理的に構成された著作です。さらに言えば、理論に基づいた自分独自の主張を論理的に書いたなのです。

总之，论文是逻辑性很强的文章，论文基于充分的论据，断言或证明特定的学术问题，写出的文章更是基于自己独特的主张。

1.2 研究の範囲

卒業論文の範囲はかなり幅広いと考えられています。そして、研究分野によってそれぞれ違いがあります。

文系の卒業論文の研究範囲についてのカテゴリーでは、次の五つが挙げられます。

(1) 言語の分野と研究対象

言語、文字、語彙などの研究です。語彙や文字の中日比較や対照研究であり、誤用、語用、コンテクストの研究などが挙げられます。

(2) 文学の分野と研究対象

日本文学の歴史や特徴の考察です。中日両国における文学の歴史と交流であり、中日文学の対比・比較研究などが挙げられます。

(3) 文化の分野と研究対象

文化の意味、歴史性、民族性、民俗性です。日本語文化の特徴や意識調査であり、中日文化における対照・比較研究などが挙げられます。しかし現在、特に若者にとって、サブカルチャーの研究はブームになっているようです。

(4) 翻訳の分野と研究対象

翻訳における歴史、学説、理論、訳文の分析などです。中日・日中翻訳の方法と技巧であり、それらにおける比較研究などが挙げられます。

(5) 日本語教育の分野と研究対象

日本語の教授法、コース・デザインです。第二言語習得において聞く、話す、読む、書くことであり、日本事情や日本文化の教え方について触れる日本語教育ワークショップ[1]などが挙げられます。

1.3 序論、本論、結論について

論文と言うのは、理論や学術的なことで、どのような論文でも本文自体は「序論、本論、結論」で構成されています。普通ならば、序論 10％、本論 85％、結論 5～10％ぐらいの割合が妥当なようです。

序論では、問題提起や問題設定を行います。他に「緒言」や「はじめに」等の呼び方や名称もあります。序論は「本論への導入部」となります。

本論では、いくつかの章や節に分け、いよいよ我々の研究手法や得られた結果・データ、考察について解説していきます。要するに、序論で提起された問題の答えを導き出すための道筋を示すところであり、場合によっては筆者らが到達した結論そのものも示します。

結論では、序論で提起された問題が本論においてどのように解決されたのかを手短にまとめます。そして、結論そのものを述べます。

　　　绪论提出问题、设置问题。本论是作者将绪论中提出或设置的问题梳理出答案，在某些情况下，作者得出的结论本身也会显示出来。结论就是作者简洁明了地总结在绪论中提出的问题在本论中是如何解决的，并论述结论本身的内容。

ちなみに、学生が論文を書く際は、学生にとっての 10 のメリットを念頭に置いておくと、論文を書くモチベーション[2]が上がります。その 10 のメリットは以下の通りです。

1　ワークショップ（workshop）とは元来、「工房」や「作業場」など協働で仕事を行う"場"を表す言葉。教育研修の手法としては、参加体験型グループ学習を意味する。講師から一方的にナレッジ〔知識〕を受け取るだけの講義やセミナーとは違い、参加者自らが積極的な意見交換や協働体験を通じて、実践的な知識・技術を学びとるのが特徴。研究や創作活動の手法として、あるいはまちづくりなどのコミュニティ活動における問題解決や合意形成の場として活用されることも多く、近年はあらゆる分野で広くワークショップが行われている。教育ワークショップ方式は、学生たちが自分たちで先生から与えられた問題や課題を解決する方法を考える教育方式。研讨会；讲习会。

2　モチベーション（motivation）の意味は、物事を行うための、動機や意欲になるもの。刺激、熱意の意味もある。消費者の購買動機や、スポーツ選手の意欲などに用いられることが多く、仕事をする原動力でもある。动机的形成；促动因素；动机。

(1) 論理的思考力の向上

基本的な流れは、研究背景から始まり、背景から出てくる現状の問題や課題、それらを乗り越えるための目的、目的を達成するための研究方針、方針を実現するための手法、手法の有効性や目的を達成できたかを確認するための結果と考察、といった具合に、論文の内容を論理的に構成し、論理的な文章を作成しなければなりません。この過程の中で、論理的思考力が向上するわけです。

(2) 研究背景の充実

論文を書く際に、特に難しいのが研究背景の部分です。これまでの研究の流れを概観して、論文で対象とする問題点につなげる必要があります。あらためて研究背景を整理して文章化すると、考慮すべき研究分野や読むべき研究論文が出てくると思います。このようなプロセスを経て、研究背景がさらに充実するわけです。

(3) 文章力や日本語力の向上

わかりやすく文章を書く必要があるわけです。文章の流れを整理したり、表現を工夫したりする中で、文章力が向上します。日本語で論文を書く際は、他の日本語の論文を参考にしたり、単語・文法などを調べたりしながら書くことになります。

(4) 査読者からの評価やフィードバック

論文を査読者や指導者に丁寧に読んでもらえ、フィードバック[1]をいただけるわけです。特に別の視点をもった研究者に査読してもらえるのは、とても貴重な機会です。

(5) 一つの作品に長く関わる経験

論文執筆には時間もかかりますし、その後の査読プロセスも同じです。論文のような一つの作品に、長い時間をかける経験をします。ある意味でクリエイター（創作者）のような経験をすることは、学生のうちにはあまりないのではないでしょうか。もちろん何人かの研究者と共同で実施されるものと思いますが、長い時間をかけて、自分が主体となって研究したり執筆したりした論文は、自分の子供のようであり、世に送り出すときには望外の喜びがあります。また長い時間をかけて一つの作品を仕上げたという経験は、将来きっと役に立つでしょう。

(6) 研究成果

論文にすることで、世界中の人たちに研究成果を残すことができます。もちろん、

---

[1] フィードバック（feedback）とは、「食べ物を与える」という意味を持つ「feed」と、「返す」という意味の「back」を組み合わせた言葉。もともとは、入力と出力のあるシステムにおいて、出力に応じて入力を変化させる操作（帰還）を指す専門用語として使われていた。「出力（結果）を入力（原因）に戻して変化させる」から転じて、「物事に対する結果を原因に戻して反映させる」という意味で使われている。

ここに書いたとおり、研究成果を残す形として、論文誌に投稿するだけではありません。将来的には、研究者自身に信用が貯まる形が望ましいと言えます。ただ、現状は論文を論文誌に投稿するのが一般的でしょう。

(7) 優秀な研究者としての証明書

論文を書いたことのない学生が多い中で、論文を書いたことがあれば、それが優秀な研究者としての証明書となり、他の人と差別化できます。TOEIC で高得点を取ることの、研究者版のような感じです。論文が優秀な自分を紹介する名刺代わりとなるわけです。

(8) 錯覚資産

「錯覚」と書いたのは、もちろん論文を書いた時点で優秀なのは間違いないのですが、ある研究分野で論文を書けるという優秀さと、仕事ができることとは、まったくの別物だからです。相手は錯覚して、論文を書けるほどの人であれば、仕事もできるだろうな、と勘違いするでしょう。論文が錯覚資産（自分は優秀だと相手に勘違いさせる力）となるわけです。外国語の論文であれば、その効果はさらに強力です。やりがいのある仕事を任せてもらえたり、出世したりするきっかけの一つになるでしょう。

(9) 成長の証拠

論文を書けたら、その間に自分が成長したという、目に見える形での証拠になるわけです。さらに言うと、他の人たちにもその成長をわかってもらう、つまり、自分はこの期間でこれだけ成長できました！というのを伝えるためには、ここに書いたとおり、最初から、たえずアウトプット（輸出）しておいたほうがよいのです。

(10) 他者貢献

論文を世の中に発表することで、人の役に立てます。自分がある研究をして、それを世の中に発表したということは、他のすべての人はその研究をやらなくてよいということです。他の人たちは、その研究内容については論文を引用すれば OK で、自分自身の研究に専念できます。研究をしていると、あまり他の人の役に立っているような実感はないと思いますが、論文を書いて公表することで、貢献感を得ることができます。自分の論文を、他の人が引用しているのを見ると、うれしいものでしょう。

出典：https://datachemeng.com/merits_of_writing_papers_for_students/　20220709閲覧

2　文献、資料、史料の検索

先行研究って何？

2.1 先行研究の読み方と絞り方

　論文や研究には、まず手がかりが必要です。研究範囲やテーマに関して、どのような参考文献や関連する資料や史料があるか、それらを探索することから始まります。そこで、自分のテーマに関連しそうな、あるいは参照しなければならない基本的な文献、資料、史料の目録の作成から始めることになります。
　　在论文或研究中，首先需要线索。关于研究范围和主题，从探索有什么样的参考文献和相关的资料、史料开始。因此，从可能与自己的主题相关联的，或者从基本文献、资料、史料的目录开始检索。

2.1.1 先行研究レビュー

　先行研究レビューとは、論文レビューとも呼ばれており、論文を書く前にそのテーマに則したすでにあるさまざまな論文を集め、そのレビューを行うといった内容の文書です。先行研究レビューの書き方で重要視されるのは、どれだけ客観的な視点でものごとを批評できるのかといった部分です。書き方を正しく行うためには、しっかりと役割を理解しておく必要があるのです。
　先行研究レビューについて三つのポイントで考えればベストだと思います。
・先行研究の内容を「わかること」
・先行研究の論文間の関係を「整理すること」
・先行研究を「批判すること」
　先行研究レビューの意義について頭に置いておきましょう。先行研究レビューを始める前に、まず文献をじっくり読むことです。
　①自分の研究と直接関連があるものと間接的に関連があるものに分けておきます。
　②これまで行われている研究とは違うオリジナリティーを見つけます。
　③先行研究を、内容や研究方法で分け、まとめておきましょう。図にしておくとよさそうです。
　④直接関連がある研究は、詳しくまとめておくことも覚えておきましょう。
　例えば：
　a. 研究概要。
　b. 研究に対する評価、良い点は何か、悪い点は何か。
　c. 自分の研究とのつながりがあるかどうか、自らの研究が今までの研究とつながっており、どこに位置するかを明確にする。

d. 間接的な関連がなくても、重要な理論や学説を提唱しているものは、少し詳しくまとめておく。

2.1.2　レジュメのまとめ方

　レジュメの意味を辞書で調べてみると、「要旨、要約、摘要、概要、梗概、概論」などを意味します。「論文の内容などを簡潔にまとめたもの」や、「講義、セミナー、研究会などで配布される発表内容を簡潔に記したもの」です。

　また、大学で用いる一枚から数枚程度の紙にまとめられた発表内容の要約のことを指します。演習やゼミの報告や自分の研究発表の際には、レジュメを出席者全員に配布します。レジュメを作る際には、発表の目的によって、いくつかのポイントがあります。

　曹春玲・湯伊心（2016:60）によれば、文献を読んで報告する場合は、報告者が文献の内容を確認できるよう、文献の構成におおむね沿う形で、見出し、各節の主な主張、論拠、結論などを、短い表現（箇条書き、短文）で示します。省略した部分は、発表の際に口頭で補足しながら説明していきます。レジュメに決まったスタイルはありませんが、そのゼミや専門分野によって、適切なスタイルがあるため、それについて調べます。文献報告の場合にも、発表者自身のコメント（疑問や意見、参考情報）を求められることがあります。コメントは、必ずテキストや文献の要約とは分けて書きます。そうでないと、著者の言っていることと、報告者の意見の区別がつかなくなります。

　レジュメはどのような形でまとめるかについては次のような構成、あるいは実例を参照しましょう。

CAOゼミ　　　　　　　　　　　　　　　　　　　　　　2025年9月5日（金）

　　　　　　　　　　　論文のタイトル（文献論文）

　　　　　　　　　　　　　　　　　　　　　　　　　　東方外貿外国語学院
　　　　　　　　　　　　　　　　　　　　　　　　　　2025000123　林　桂洋

1. 本報告の目的
2. 先行研究とその問題点
3. 本論における事例
4. 結論と今後の課題
5. 文献・資料一覧
　　　※引用資料（引用資料を使用する際には、必ずその出典を明記する）

2.1.3　文献リストの並べ方

　参考文献は、デジタル大辞泉の解説によれば、調査・研究などの参考資料にする書

物などを指します。著述の際に参考にした図書や文献や新聞記事、または、その書誌事項を記したものです。

　論文の最後に必ず参考文献のリストが並べられています。参考文献の主な項目としては著者・編者・翻訳者名、出版年月日、標題、出版社名、引用・参考ページなどがあります。雑誌論文の引用の時には、雑誌名も記します。参考文献の記入は国によって異なります。中国の場合は数字の番号で順に配列します。日本の場合はアイウエオの順で並べるのが一般的です。英語の場合は著者の姓のアルファベット順に配列します。

　では、参考文献の並べ方について、実例を参照しましょう。

　中国の場合、王伟 (2002) 日本医疗制度的课题与改革 [J]．日本学刊．第3期（総第69期）: pp. 99-109

　日本の場合、名柄迪等著 (1989)『外国語教育理論の史的発展と日本語教育』[M]．アルク

　雑誌の場合、藤田知子 (1995)「……における程度・結果・比較」『言語学研究』第30号 pp. 1-13

　英語の場合、Pelletier, J. (1975) *Non-singular reference: Some preliminaries* [J]．Philosophia 5: 451-465

　ネットの場合、http://www8.cao.go.jp/survey/index.html 国民生活に関する世論調査—現在の生活について 20230803 閲覧

　しかし、参考文献はすべてこのような形で並べることだけでなく、国や雑誌や大学によって多少違うところもあるため、注意する必要があります。

　では、中国学術情報データベースを紹介します。

　中国学術情報データベース (CNKI) は、中国の総合的な学術情報データベースで、学術雑誌、重要新聞、博士学位論文、重要学術会議論文などの各種データベースを収録しています。

　CNKI は China National Knowledge Infrastructure の略語です。中国語では「中国知網」と言います。中国知網（CNKI）とは、あらゆる単位の機関や研究者がネットワークなどの情報技術を利用して中国の学術情報を利用し合えるシステムを構築し、中国社会に「知識のインフラ」を整備するための全国レベルの大規模な国家プロジェクトです。中国国内で公刊され、あらゆる雑誌・新聞、学位論文を含む学術論文などが、かなり古いものから、最新のものまで網羅されています。中国知網の主管は中国国家教育部、運営は清華大学、年間ダウンロード数は延べ30億件、一日あたりの文献アップデート数は5万件というマンモスデータベースで、たいていの論文はここでヒットします。

　卒業論文の作成に際しては、「中国知網」という学術論文データベースサイトは最も利用しやすいと言えます。もちろん、グーグルやヤフーを検索することもできます。

2.2 卒業論文テーマの方向付け

　参考文献は研究にとって重要なオリジナリティー（独創性、創新）を主張する道具です。自分のオリジナリティーを主張するために、先行研究を収集したり、検討したりすることは、自分の研究の出発段階になります。したがって、自分の研究の方向性、研究のテーマ、研究の方法を決める際にしっかり行わなければなりません。

　テーマの決定は慎重に考えるように心がけます。自分が知りたいことを書き出し、完成できるテーマを決めます。しかしながら、研究テーマは、自分の関心があるだけでは不十分です。学問的・社会的意義のあるものでなければなりません（白井・高橋 2013：13）。

　例えば、卒論のテーマを考える道筋は、先行研究があるものを選び、教師の指導を受けることができるのがベストです。つまり、研究テーマの方向付けは、関心があり、先行研究があり、学問的・社会的意義があるという、これら三つの重なっているところから選択することです。

　したがって、研究テーマについて決める際は必ず指導教官と相談することです。その後、「開題報告書」をどのように記入するか考えます。

　次の章では、「開題報告書」の書き方を紹介していきます。

3 　開題報告のテクニック

3.1　開題報告とは

　　開題報告は中国語の言い方です。日本語の場合は「研究計画」と言います。つまり、卒業論文などを書く前に、その論文をどのように書くかについて指導教師たちに提出する報告あるいは計画のようなものです。中国の場合は、学部生も院生もすべて、このような「開題報告書」を大学側に必ず提出しなければなりません。そうしないと、卒業論文を書く資格が認められないのです。

　　开题报告是中文说法，日语叫"研究计划"。也就是说，在写毕业论文之前，作者就如何写自己的毕业论文需要向指导教师提交论文写作报告或计划。在中国的各大高校，对本科生和研究生来说，必须向大学方面提交这样的"开题报告"，否则就没有写毕业论文的资格。

3.2　開題報告の作成

　　中国では「開題報告」と言えば、中国語で記入する大学が多いと思います。大学によって開題報告の様式は多少違いますが、その性質はほとんど同じです。
　　ここでは、筆者の大学を例にして、開題報告における各項目は中国語で記入することにします。しかし、論文構成のところ、あるいはアウトラインのようなものは、日本語のみで記入します。
　　論文を書く前の開題報告書は、文字で表現されている論文の総構想であるため、紙面を大きくする必要はありません。しかし、これは計画の部分ですから、研究課題、先行研究レビュー、研究目的、研究手法、理論適用などの主要な問題を含めながら書く必要があります。
　　開題報告書は一般的に表のような形式です。その表の中に、それぞれの項目の内容に対応しながら、正しく記入していきます。これにより、項目の漏れを避けることができる上、審査員にとっても一目瞭然であり、要点を把握しやすくなります。

　　由于开题报告是用文字体现的论文总体构想，因而篇幅不必过大，但要把计划研究的课题、如何研究、理论的应用等主要问题写清楚。开题报告一般为表格式，要把报告的每一项内容正确记录完整，这样既能避免遗漏，又使评审者一目了然，便于把握要点。

3.3 実例と演習

まず、「開題報告書」の実例を見ていきましょう。

本科生毕业论文（设计）开题报告书

姓名	海桂林	学号	20250012367
所在学院	东方外贸外语学院	专业	日语
指导教师	海青	职称	讲师
论文题目	日本におけるバーチャルアイドルの知的財産化とビジネス価値について —カバー株式会社のホロライブチームを例として— 论日本虚拟偶像的IP文化与商业价值 ——以日本Cover公司旗下Hololive团队为例			

一、选题的依据

（一）选题的目的及意义

选题的目的：随着互联网技术的成熟、数字媒体技术的飞速发展以及二次元亚文化被大众所熟知，日本逐渐衍生出虚拟偶像这一新兴职业。虚拟偶像的IP文化有何特点？基于这个特点，虚拟偶像如何延续职业寿命为日本的互联网经济市场带来商业价值？在发展过程中虚拟偶像遇到了哪些问题？怎样才能解决这些问题？这些都是本论文分析和研究的内容，也是选题的目的。

选题的意义：本次研究将会对国内外虚拟偶像的相关资料以及文献、资讯进行整理分析，就日本企业Cover公司旗下的Hololive团队的IP文化商业拓展和营销方式进行分析，并对现有问题提出建议，为今后从事该方面工作的读者或将要对该新兴职业进行研究的学者提供一些思考。

（二）国内外研究动态综述

国内研究现状：国内关于虚拟偶像这一新兴职业的论文相较于国外而言较少。周诗韵(2019)在《身份认同视角下虚拟偶像的中国粉丝消费动机研究》中，从初音未来中国粉丝行为的角度进行研究，认为企业和品牌商如果想要自行打造虚拟偶像来为品牌服务，就应该考虑如何利用虚拟偶像帮助粉丝构建自我认同和社会认同，从而让粉丝对虚拟偶像所连带的商业品牌产生好感和忠诚度。虚拟偶像与粉丝之间的关系是密不可分的，雷雨(2021)在《虚拟偶像的生产与消费研究》中，从粉丝的角度反观虚拟偶像这一职业，认为虚拟偶像属于一种"消费偶像"，它寄托了粉丝关于人生际遇的感悟和对美好生活的期望。粉丝通过购买虚拟偶像的专辑、代言的广告产品、各种周边、价格昂贵的演唱会门票等方式，将自身的梦想、欲望寄托于虚拟偶像身上，以求获得一种精神寄托和依靠。随着国内外流媒体与自媒体产业的飞速发展，以及互联网人工智能技术的进步，王莉(2021)在《资本竞相涌入——虚拟偶像"钱"景如何》中认为，虚拟偶像的"存在感"正在变得越来越强。同时，随着该领域的主要受众群体90后、00后逐渐拥有自主消费能力，逐步开始主导消费市场，虚拟偶像作为深受年轻用户喜爱的元素，已成为品牌营销发力的风口，在流量变现、内容变现等方面将会获得更好的支撑。

续表

国外研究现状：Liudmila (2021) 在《虚拟剧场和理想中的 VTuber 美少女》中认为，虚拟偶像与日本古典歌舞伎和木偶戏剧有着异曲同工之妙，并认为她们实际上就是一个由幕后人员通过动作捕捉软件和 VR 设备所控制的木偶，通过塑造更加完美、更加贴近于自己观念的非同寻常的形象、人物风格和表演形式，带给粉丝和消费者非比寻常的体验。也正因为在现实中无法获得接近完美的容颜和演出方式，消费者更愿意为虚拟偶像的演出及其附带的周边商品买单。而从粉丝的视角出发，在《VTuber 时代的身份设计》Liudmila (2020) 中，Liudmila 指出，虚拟偶像解放了现实对人的束缚，可以以任何消费者所喜欢的姿态、声音呈现在观众面前，解放了现实对消费者思想上的束缚，使得消费者能够更加快速地与自己所喜欢的虚拟偶像产生契合感。这也使得虚拟偶像相较于现实中的真实偶像更能引起消费者的共情，从而增大了粉丝参与诸多与虚拟偶像挂钩的商业活动的概率。在虚拟偶像创业者的权益保障层面，原田伸一朗 (2021) 在《バーチャル YouTuber の人格権・著作者人格権・実演家人格権》中提到，从法律上来说，虚拟偶像并不是单纯的人类，相反，也不能将其与实际存在的人类完全分离。虚拟偶像是人类与虚拟角色之间类似媒介般的存在，正因为这种存在方式的特殊性，在其被推上法律的风口时，必须将针对人类的法理论与针对虚拟角色（诸如影视作品）的法理论相结合。

上述文献中，作者陈述了虚拟偶像的特点和给消费者带来的体验，但对虚拟偶像 IP 带来的经济效益和营销方式并未做过多梳理，因此，分析虚拟偶像的 IP 开发与商业营销中存在的问题，为解决这些问题提供建议，正是本选题的目的。

二、研究内容

（一）主要研究内容、观点及要解决的问题

研究内容：通过对日本 Cover 公司旗下 JP 三期生团队的 IP 文化设计、开发以及商业运营，探讨"虚拟偶像"在经济市场上的商业表现，以及从业人员的招募、培训、商业竞争、合作等诸多方面存在的风险，并提出建议。

研究观点："虚拟偶像"的诞生对市场经济而言是新鲜的，市场缺口也相对较大，因而在各种优势加持下得到了快速发展。同时，作为先驱者，如果只注重市场表面所体现出的利益点，一味地贪图利益最大化，没有对未来发展的规划和对潜在风险的评估，则可能导致该职业由盛转衰。

解决的问题：公司如何围绕旗下艺人的"人物设定"及其"背景故事"研发出更多可供商业拓展的 IP 项目，以求多样化发展；公司如何找出最适合旗下虚拟偶像艺人的营销方式；公司如何在进行团队扩充和商业发展的同时，针对所属艺人的相关企划进行事先的风险评估，以避免不必要的损失和纠纷。

（二）研究的重点、难点和创新点

研究的重点：虚拟偶像在 IP 文化上的表现方式，虚拟偶像这一职业在当今经济市场上所蕴藏的商业价值，以及背后隐藏的问题。

研究的难点：由于虚拟偶像这一职业诞生的时间不长，目前国内和国外的研究成果和文献不够丰富。目前，大多数文献资料仅停留在介绍该新兴职业的诞生和发展层面，虚拟偶像的 IP 文化和商业价值的相关研究还存在很大的研究空间，所以在论文资料收集与分析过程中存在困难。

研究的创新点：IP 文化的发展、所涉及的商业拓展，以及给经济市场带来的商业价值。

（三）论文的主要框架与结构
1. はじめに
　1.1 研究背景
　1.2 先行研究
　1.3 研究目的と方法
　1.4 論文の構成
2. バーチャルアイドルとそのビジネス価値
　2.1 バーチャルアイドルの定義
　2.2 バーチャルアイドルの誕生と発展
　2.3 デジタル経済の台頭
3. カバー株式会社傘下のバーチャルアイドルの運営状況
　3.1 傘下のバーチャルアイドルのIP化
　3.2 バーチャルアイドルのコマーシャル・オペレーション
4. バーチャルアイドルの運営における問題
　4.1 サステナビリティから見るリスク
　4.2 運営へのアドバイス
5. おわりに

三、研究方法
　　本论文拟使用网络调查法和文献研究法。首先对Cover公司旗下的流媒体或者自媒体网络平台的商务合作以及盈利分红等信息进行分析整理，然后结合前期搜集的国内外文献对目前虚拟偶像行业的IP文化和商业价值进行梳理分析，并针对目前虚拟偶像行业中可能存在的问题提供解决思路。

四、进程安排及完成论文撰写需采取的主要措施
　　2024.09.09 — 2024.11.10（收集资料，撰写论文提纲，完成开题报告）
　　2024.11.11 — 2025.01.31（撰写论文初稿，填写并提交中期检查表）
　　2025.02.01 — 2025.03.15（修改论文初稿）
　　2025.03.16 — 2025.04.30（论文定稿、查重检测、整改等）
　　2025.05.01 — 2025.05.10（论文答辩准备）
　　2025.05.11 — 2025.05.20（查重检测合格、论文答辩）

五、主要参考文献
　　[1] 王莉. 资本竞相涌入 虚拟偶像"钱"景如何[N]. 中国商报, 2021.
　　[2] 张昕熠. 虚拟网红形象的IP化发展研究[D]. 湘潭：湘潭大学, 2020.
　　[3] 郭健宁. 网络虚拟主播的亚文化风格研究[D]. 湘潭：湘潭大学, 2020.
　　[4] 尚怡君. 从依附到共生：虚拟偶像及其粉丝的拟社会互动研究[D]. 郑州：郑州大学, 2020.
　　[5] 林海翔. 中国虚拟主播业破圈热的困境与破局之道[J]. 社会科学前沿, 2020.
　　[6] 雷雨. 虚拟偶像的生产与消费研究[D]. 南京：南京师范大学, 2019.
　　[7] 虚拟偶像来袭 香港如何把握商机？[N]. 星岛日报, 2019.

续表

[8] 周诗韵. 身份认同视角下虚拟偶像的中国粉丝消费动机研究[D]. 厦门大学, 2019. [9] 原田伸一朗. バーチャル YouTuber の人格権・著作者人格権・実演家人格権[J]. 静岡大学情報学研究, 2021. [10] 横田健治. バーチャル YouTuber の提供価値の分析[J]. 電子情報通信学会, 2019. [11] Liudamila Bredikhina. Virtual Theatrics and the Ideal VTuber Bishōjo[D]. University of Geneva, 2021. [12] Tommie Ann Sutton. Gendered Rhtoric of Video Game Streaming: Female Agency, Harassment and Cat Girls[D]. University at Albany, 2021. [13] Liudamila Bredikhina. Designing Identity in VTuber Era[D]. University of Geneva, 2020.
指导教师对开题报告的意见
指导教师签名：　　　　　　　　　　　　　　　　　　　　　　　　年　　月　　日

注：本開題報告は第四章の『日本におけるバーチャルアイドルの知的財産化とビジネス価値について』という論文との対応。

上の実例の「開題報告書」について解説します。

筆者の大学における開題報告は、中国語で記録されています。開題報告は論文の作成計画に相当します。学部生にとって、卒業論文は初めて行う学術的な執筆であり、どのように書けばいいか心配でしょう。学部からテンプレートが与えられ、各部分の注意点が詳細に表示されていても、何を書くべきか、どのように書けばいいか全体的な概念が浮かんできません。そこで、上記の実例を参照しながら、いくつかの作業に分解してみましょう。小さな手順ごとに合理的な計画、細かい構想、文献の閲覧、まとめ、問題発見などを考えていけば、開題報告は順調に完成することができるはずです。

作者所在的大学开题报告用汉语书写。开题报告相当于论文的写作计划，对于本科生来说，毕业论文是首次接触的学术性写作，难免有畏惧情绪，甚至完全不知道该如何下手。即使学院给出了模板，并且详尽标注了每部分的注意点，但是应该写什么，如何写，学生还是没有整体的概念。那么，如果参照上述实例，做一些分解工作，按每个小步骤进行合理规划、细心构思、查阅文献、归纳总结、提出问题等，开题报告就可顺利完成。

「開題報告書」の演習

「開題報告書」の作成はその大学の形式に従います。上の見本を参照しながらパソコンで自分の研究テーマに沿って開題報告を作成してみましょう。それぞれの項目にその内容を記入する際は、最終版提出までの全段階において、必ず自分の卒論指導教師に相談するようにします。

"开题报告书"的填写要遵循大学规定的格式。可以一边参考上面的样本，一边试

着根据自己的研究题目填写开题报告。在开题报告的每个项目中填写所有要求的内容，填写时一定要和自己的毕业论文指导教师商量，直到把开题报告的最终版本提交给指导教师。

东方外国语学院本科生毕业论文（设计）开题报告书

姓名		学号	
所在学院		专业	
指导教师		职称	
论文题目	日语 汉语		
一、选题的依据 （一）选题的目的及意义 （二）国内外研究动态综述 二、研究内容 （一）主要研究内容、观点及要解决的问题 （二）研究的重点、难点和创新点 （三）论文的主要框架与结构 三、研究方法 四、进程安排及完成论文撰写需采取的主要措施 五、主要参考文献			
指导教师对开题报告的意见：			
指导教师签名：		年　　月　　日	

注：この「開題報告書」の様式は筆者の勤めている大学の定型である。読者の皆様には参考にしていただければ幸いである。

4 モデル論文における実践マニュアル

4.1　日本におけるバーチャルアイドルの知的財産化とビジネス価値について

4.1.1　関連知識と概念

(1)　サブカルチャーとは？

　サブカルチャーは下位文化または副次文化と訳されます。ある社会の全体的な文化あるいは主要な文化に対比される概念です。つまり、ある社会に一般的に見られる行動様式や価値観を全体としての文化と考えた場合、その全体的文化の内部にありながら、何らかの点で独自の性質を示す部分的な文化がサブカルチャーと呼ばれます。それは、全体社会の中の特定の社会層や集団を担い手とする独特の行動様式や価値観であり、いわば「文化のなかの文化」です。具体的には、例えば上流階級の文化、ホワイトカラーの文化、農民の文化、都会の文化、若者の文化、軍隊の文化、やくざ集団の文化などがこれにあたります。また、これらのサブカルチャーを一つの全体的文化、あるいは上位文化と見てみると、さらにその中のサブカルチャーを考えることもできます。例えば、若者文化（youth culture）のサブカルチャーとしての学生文化などです。（井上俊）

　亚文化即下位文化或次要文化，是与某一社会的整体文化或主要文化相对的概念。也就是说，如果把在某个社会中普遍的行为方式和价值观作为整体文化来考虑，在其整体文化内部，在某些方面表现出独特性质的文化称为亚文化。这是以全体社会中特定的社会阶层和集团为载体的独特的行动方式和价值观，可以说是"文化中的文化"。具体来说，比如上流阶层的文化、白领文化、农民文化、都市文化、年轻人文化、军队文化、流氓集团文化等。另外，如果把这些亚文化看作一种整体文化或上位文化，其中还可以再有亚文化。例如，作为年轻人文化（youth culture）下位文化的学生文化等。

(2)　サブカルチャーの歴史

　サブカルチャーの概念は、もともと1950年代後半のアメリカ社会学における非行研究（非行少年が形成している独特の非行下位文化の研究）から発展してきたものですが、今日では、前述のように、階層文化、年齢層文化、職業文化、地域文化など、さまざまな領域で広く用いられるようになっています。

　サブカルチャーは、全体的な文化から相対的に区別される独自性を持つ文化ですから、その文化に参与する人々に対して、支配的な全体文化の中では十分に満たされない欲求を充足させる役割を果たすことが多く、またそれらの人々に心理的なよりどこ

ろを与える場合も少なくないのです。同時に、多様なサブカルチャーの存在は、全体としての文化の画一化を防ぎ、文化に動態性と活力を与える働きをします。

　サブカルチャーと全体文化、あるいは主要文化との機能的な関係は、多くの場合、相互補完的です。つまり、サブカルチャーは、その独自性（全体文化あるいは主要文化との差異）を通して支配的な文化構造を補完し、その維持存続に貢献している場合が多いのです。しかし反面、サブカルチャーが、支配的文化に対立し抵抗する対抗文化としての働きを持つこともあります。サブカルチャーの独自性が強く、その内容が支配的な文化に対して明確に批判的または敵対的であり、しかもそれが社会の中である程度の影響力を持つような場合、サブカルチャーは対抗文化として作用し、支配的な文化構造の動揺や変動を導き、新しい文化形成の契機となることがあります。例えば、ヒッピーの活動や新左翼運動などを含んでおり、1960年代後半から70年代前半にかけての先進的産業社会における若者文化には、明らかにそうした対抗文化的な性格が見られました。

　サブカルチャーはメインカルチャーへ対抗するためのアンチテーゼとして発展してきた経緯があります。1960年代では、世界的に既成の文化や体制に対する反発として、カウンターカルチャーと呼ばれる文化が活発に広まっていきました。その後、時代の保守化にともなってカウンターカルチャーが衰退した結果、それに代わるものとして注目されたのがサブカルチャーです。

　日本におけるサブカルチャーは、その流れを汲んでいるアメリカ文化が戦後に入ってきたことが源流であると考えられています。（日本大百科全書より）

(3) サブカルチャーに含まれるもの

　日本においてサブカルチャーは「サブカル」と略されることがよくあります。「メジャーではないポップカルチャー」のことを指し、漫画やアニメ、ゲーム、コスプレ、アイドル、鉄道、小説、マニアック[1]な音楽などが含まれます。ほとんどがビジネスと直結しているため、日本におけるサブカルチャーは主に消費者によって形成されます。極端に言ってしまえば「そこまで人気のないエンターテイメント」です。しばしば「オタク文化」と同じ意味としても使われます。

　　在日本，亚文化sabukarutya经常简称为sabukaru，指"非主流的流行文化"，包括漫画、动画、游戏、角色扮演、偶像、铁道、小说、疯狂音乐等。由于大部分与商业有直接关系，日本的亚文化主要由消费者形成。极端地讲，就是"没有那么受欢迎的娱

　1　マニアック（maniac）とは、あることやモノに極端に熱中しているさまのことを意味する。日本ではしばしば、「マニアック」は「オタク」とほぼ同義の言葉として用いられるが、それは「マニアック」の意味の一部にすぎない。また「マニアック」は形容動詞である点も注意点。つまり、本来は「マニアック」単体として用いられることはなく、「マニアックな〇〇」といった用法でしか使われないということ。

　　"マニアック"（maniac）指对某件事或事物极端热衷之意。在日本，"マニアック"经常被当做"御宅族"的同义词，但这只不过是"マニアック"之意的其中之一。另外，要注意"マニアック"是形容动词，也就是说，"マニアック"不能作为单个词使用，只能在"マニアック……"这样的组合用法中使用。

乐"。亚文化经常被当作"御宅族文化"的意思使用。

　　戦後の日本においてもサブカルチャーは大衆から徐々に支持されていき、近年においてはマイノリティ１なものではなく、大衆に広く受け入れられているものが数多く存在しています。

　　中国の場合は、漫画、アニメ、ゲーム、アイドルなどのほか、漢服、古風曲、ネット流行語文化、音系MAD、ファンダム文化、弾幕文化などのサブカルチャーも徐々に多くの人に知られるようになってきています。

　　「比較的近年になってから登場した文化」で、新しい文化のため、若者が中心になっているケースが多いです。近年では、アニメや漫画、アイドルなどの異なるジャンルの統合がさらに加速しているため、中国も日本もサブカルはますます大きな存在となり、独自の存在として世界中から注目されています。

(4) サブカルチャーの研究方法論

　　サブカルチャーにおける研究方法について、筆者が認識している限りでは、理論研究、実証研究、対照研究などが挙げられます。漫画やアニメ、ゲーム、テレビ、映画、写真、雑誌、音楽、ファッション、広告、インターネットなど、各自が興味を持っているさまざまなジャンルの大衆文化・サブカルチャーについて、それがどのようなメディアによって成立しているのかという点を意識しながら、普段とは違った角度から見つめ直すことで、身近な事柄の中に問題を発見していくことのできる知識と知恵を身につけていってもらいたいと思います。(https://www.meiji.net/topics/trend20180529 より)

　　据笔者所知，亚文化的研究方法包括理论研究、实证研究和对照研究等。希望在座的每一位都能从自己感兴趣的漫画、动漫、游戏、电视、电影、摄影、杂志、音乐、时尚、广告、网络等大众文化和亚文化的各个流派入手，对其形成的媒介有所认识。希望我们通过从不同角度观察感兴趣的各种流行文化和亚文化流派，获得从熟悉的事物中发现问题的知识和智慧。

　　サブカルチャー研究は、一般論・抽象論ではなく、各自が興味を持ち、何か具体的な作品や作家、ジャンル、現象などについて、そこで、(1) 何が (内容、テーマ)、(2) どう (形式、メディア) 表現され、享受されているのかを多面的に捉える研究方法があります。

　　したがって、サブカルチャーを研究タイトルに挙げるのであれば、研究方法の手がかりになれそうなものはいくつか出てきます。例えば、

　　　サブカルチャーとメインカルチャー

1　マイノリティ」という言葉は、「少数」、「少人数」、「少数派」という意味を持つ。もともと、「minor＝小さい」という名詞が形容詞化した言葉で、数が少ない状態を表す。また最近では、マイノリティとは、「社会的少数者」または「社会的少数集団」のことを指すことが多い。

4 モデル論文における実践マニュアル

　グローバル化するサブカルチャー
　メディアとサブカルチャー
　サブカルチャーに見る若者のコミュニケーション類型
　中日間の越境するサブカルチャー
　中国における日本サブカルチャーの受容に関する研究
　日本における中国サブカルチャーの受容背景
　サブカルチャーとしての地域文化
などです。
　これらのテーマはネットを検索して出てきたものですが、研究の範囲はかなり幅広いです。しかしながら、これらのテーマは研究方法として考えれば悪くありません。卒業論文を考える場合、これらの研究範囲やテーマを参照したり、ここから卒論のテーマを考えたりしてもいいでしょう。
　実は、サブカルチャーの研究についてネットを検索してみると、161,000,000件（20230804検索）も出てきました。次のスクリーンショットを参照しましょう。

❶ 日本におけるサブカルチャーとその背景についての…
獨協経済研究 = Bulletin of graduate studies, Dokkyo Graduate School of Economics. 獨協経済研究 = Bulletin of graduate studies, Dokkyo Graduate …
cir.nii.ac.jp

❷ 現代日本サブカルチャーの展開：対抗軸としての…
Other Title . ゲンダイ ニホン サブカルチャー ノ テンカイ：タイコウジク トシテ ノ ニホン エイガ ト キョウト アニメーション ノ タッセイ
cir.nii.ac.jp

❸ 井上 亘 (Wataru Inoue) - 現代日本サブカルチャーの展開…
researchmapは、日本の研究者情報を収集・公開するとともに、研究者等による情報発信の場や研究者等の間の情報交換の場を提供することを目的として、…
researchmap.jp

❹ 現代日本サブカルチャーの展開 - 国立情報学研究所 …
172 現代日本サブカルチャーの展開〈論文〉この事件が世界に衝撃を与え、その反響の大きさがかえって日本人に広く京都アニ
tokoha-u.repo.nii.ac.jp

❺ 中国における日本サブカルチャーの受容に関する…
博士学位論文; 博士(文学) 中国における日本サブカルチャーの受容に関する研究：アニメ受容の史的展開
ir.lib.hiroshima-u.ac.jp

サブカルチャーとは？ 日本のサブカルチャーの歴史 …
media.thisisgallery.c…

4.1.2　モデル論文の全体像

日本におけるバーチャルアイドルの知的財産化とビジネス価値について
―カバー株式会社のホロライブチームを例として―

1.はじめに

1.1 研究背景

　マルチメディア技術と日本の二次創作サブカルチャーの融合により、これまでの伝統的なアイドルと異なるバーチャルアイドルが誕生した。2007年に日本初の本格的なビジネスモデルでデビューしたバーチャルシンガー「初音ミク」から、2016年に世界初の本格的なビジネスモデルでデビューしたバーチャルアイドル「Kizuna AI」[1]まで、長い成長期を乗り越えてきた。この時期に、バーチャルアイドル産業も十分に発展し、それを主要産業とする会社も続々と誕生してきた。そして経済市場のニーズに合わせて急速に拡大する際、バーチャルアイドル事業でいかに同業他社に勝ち、より多くのシェアを獲得するか、日本経済市場でいかに成長を持続させるか、日本経済市場での事業寿命を延ばすためにIP化（知的財産化）をどのように活用するかといった問題が出てくる。

1.2 先行研究

　雷雨（2019）は『虚拟偶像的消费与生产研究（バーチャルアイドルにおける生産と消費についての研究）』[2]の中で、擬人化されたバーチャルアイドルは、人々の間に存在する心理的距離をなくし、人々の心理的防衛を簡単に解消することができると同時に、ファンがバーチャルアイドルの持つ独特の魅力を崇拝し、批判的な思考を失いがちであると述べた。バーチャルアイドルの実践者は、ファン以上にリアルとバーチャルの毛色の区別に注意し、両者の区別を曖昧にすることのないようにしなければならない。

　尚怡君（2020）は『从依附到共生（依存から共生へ）』[3]の中で、バーチャルアイド

---

[1] キズナアイ（Kizuna AI）は、Activ8株式会社により制作され、現在はKizuna AI株式会社に所属している日本のバーチャルYouTuber、音楽アーティスト。人工知能（AI）を自称している。（出典：フリー百科事典『ウィキペディア（Wikipedia）』）

[2] 雷雨.虚拟偶像的生产与消费研究[D].南京：南京师范大学,2019.

[3] 尚怡君.从依附到共生：虚拟偶像及其粉丝的拟社会互动研究[D].郑州：郑州大学,2020.

ルは二次元の世界に存在し、現実世界の時間の経過に影響されず、ペルソナ[1]に応じた年齢にとどまると論じた。バーチャルアイドルの職業イメージは、現実の要因に影響されない仮想世界に存在するが、その実践者は、現実世界に住む生身の人間であり、職業イメージを大切にしながら健康管理にも気を配らなければならない。

ファンの視点から、Liudmila (2020) は「VTuber時代のアイデンティティデザイン（Designing Identity in VTuber Era）」[2]で、バーチャルアイドルは現実の制約から解放し、消費者の好きな姿勢と声を展示することができ、より迅速に自分の気に入るバーチャルアイドルを見つけることができると指摘した。これにより、バーチャルアイドルはリアルアイドルよりも消費者に共感されやすくなり、それとコラボした多くの商業活動にファンが参加する可能性も高まる。

現時点で国内や海外のバーチャルアイドルに関する研究について、既存研究資料の多くはその誕生と存在意義に焦点を当てたものである。したがって、バーチャルアイドルのビジネス運営に関する研究には、まだ研究の余地があると考えられる。

1.3 研究目的と方法

本研究の目的はバーチャルアイドルがどのように誕生し、発展してきたのか、どのようにIP化を利用してインターネット以外のビジネス分野を開拓し、その価値を高めるのかを明らかにすることである。さらに、バーチャルアイドルの運営における潜在的な問題を分析し、どのような対策で問題を回避すればよいかを明らかにするのも研究の課題である。

そのため、研究方法として、ネット調査法と資料整理法を併用することとした。日本カバー株式会社（以下、カバーと省略）の傘下であるホロライブチームを切り口として、公表されたマーケティング収益と時価データについて調査・分析を行い、先行研究とこれらの情報を照合し、バーチャルアイドルの発展、どのようにIP化を利用して市場を開拓するかなどの問題について追究したい。

1.4 論文の構成

論文構成は、「はじめに」の後、第2章で新しい職業としてのバーチャルアイドルはどのように生まれ、日本経済においてどのような経済効果をもたらすのかに焦点を当てる。第3章では、日本のバーチャルアイドル業界のリーディングカンパニーであるカバー株式会社のホロライブチームの開発とマネジメントについて分析する。第4章では、バーチャルアイドルのビジネスにおける潜在的な問題を検討し、その解決策を提案する。終わりに、研究結果、評価と研究意義、そして今後の課題を示す。

---

[1] ペルソナ（persona）とは、直訳すると「人格」という意味。商品やサービスを利用する典型的な顧客モデルのことで、マーケティング（marketing；销售学；市场学；市场营运；产品经营过程）における概念。

[2] Liudamila Bredikhina.Designing Identity in VTuber Era[D].University of Geneva, 2020.

2. バーチャルアイドルとそのビジネス価値

　日本では、バーチャルアイドルは伝統的なリアルアイドルより優位に立っている。近年、「表と裏が一致しない」、「設定が崩壊している」という現象が日本の芸能界に頻繁に現れており、伝統的なアイドル業界の消費者が安定した消費者層から離れつつある。バーチャルアイドルは伝統のアイドルとは違い、「表と裏が一致しない」という心配はない。バーチャルアイドルは終始自分の人物設定で行動し、ファンとのインタラクティブで、ファンとの距離を縮め、その心をつかみやすい。また、バーチャルアイドルとファンの間のインタラクティブは参加性が強い。ファンはファンによる同人創作やコスプレなどでバーチャルアイドルと交流することができ、さらには音声ファイルの調律でアイドルのために創作することもできる。また、加齢による顔の変化がなく、体調を崩して病気になることなどもない。現実に縛られないバーチャルアイドルは、伝統的なアイドルができなかったことを簡単に実現することができる。

2.1 バーチャルアイドルの定義

　バーチャルアイドルとは、人工的に作られた実在しない架空のアイドルのことである。当初はアニメやゲームのキャラクターなどがアイドルのような人気を獲得した場合に使われる言葉であった。最近では文字通り「アイドル」として活動しているキャラクターが登場している。

　バーチャルアイドルは、一般的に「バーチャル人物像」と「中の人」[1]という二つの部分で構成される。「バーチャル人物像」はグラフィックソフト、音声制作ソフト、CGアニメーションなどでその容姿設定や音声をマルチメディア制作処理し、インターネットや現実のシーンでパフォーマンス、ライブ、イベントを行うキャラクターのことである。「中の人」はバーチャルアイドルを操作して演じる人間のことを指す。一般的に会社が「バーチャル人物像」の制作と「中の人」の募集を担当し、バーチャルアイドルとしての活動方式および商業運営も会社が担当する。バーチャルアイドルの運営、イメージ制作、「中の人」を一人で担当する数少ないケースも存在する。

2.2 バーチャルアイドルの誕生と発展

　2007年に、「歌姫」としてデビューした初代バーチャルアイドル・初音ミクが誕生した。2016年末には、本格的なバーチャルアイドルとして「Kizuna AI」がデビューした。日本のバーチャルアイドルは、ますます成熟したインターネット技術とデジタルメディアの急速な発展の助けを借り、「アイドルのイメージデザイン」から「中の人の選抜」などのプロセスを形成してきた。後続運営には、完全な産業チェーンの成熟やバーチャルアイドルの大衆化・一般化に伴い、ゲーム・歌やダンス、トーク、創作、料理など、

---

[1] 中の人とは、バーチャルアイドルの声優やモーションキャプチャーソース、つまりバーチャルアイドルを「演じる」人を指す。日本語の「中の人」では、文字通り「中の人」、「後ろの人」を意味する。

伝統的なアイドルが手をつけられなかった領域にまで業務の幅を広げている。

2.2.1 現実からバーチャルへの移行

　科学技術の進歩に伴い、多くの先進的な技術が人々の生活に活用され、その中にはアイドルの形態転換も含まれている。現代のデジタル技術はバーチャルアイドルに、現実の人間のように身体を動かす能力や言葉を交わす能力を与えた。バーチャルアイドルは、従来のアイドルにはない強みを持っている。

　バーチャルアイドルは、その名の通り、バーチャルデータで構成されている。マルチメディア技術の最適化により、その顔や体は常に最適な形でファンの前に現れるようになり、もはやアイドルのように時間の経過によって容姿が変わることはない。先進的な科学技術はバーチャルアイドルに生老病死という人間に縛られた自然のリズムからの脱却を与え、ファンは自分の好きなバーチャルアイドルが時間の経過によって老いることを心配する必要がない。

　バーチャルアイドルは伝統的なアイドルに比べ、そのキャラクターの造形の自由度が高い。伝統的なアイドルは自身の条件を基礎として、時間やコストを費やし、関連の訓練を受けることできれいなスタイルを維持する。バーチャルアイドルは、本来CGアニメーションやグラフィックソフトで構成されたデータの山であり、実体も世界観もない白紙のような存在である。デザイナーはバーチャルアイドルにさまざまな容姿、性格、人物背景やストーリーなどの異なる要素を与え、人々の期待に応えるアイドル像を作り上げることができる。これにより、ファンの満足度は一般的に伝統的なアイドルより高いと言える。これはバーチャルアイドルの造形性に支えられている。

　従来の通念では、リアルアイドルの育成にかかるコストは、時間的コスト、金銭的コストや人件費などが含まれ、極めて高い。高いコストを払った結果、実際のアイドルが初期の予想通りに作られるかどうかも定かではない。しかし、バーチャルアイドルは「アイドル育成」という点で、自らの長所を際立たせている。プログラミングソフトが人物の音声や身体の動き方をプログラミングしており、現実の人間では難しいダンスや動きも、ソフトの助けを借りて短時間で完成させることができる。これによって、制御装置さえ故障しなければ、バーチャルアイドルはどの公演でも最も完璧な形でファンの前に現れることが保証されており、これは実際の人間ができないことでもある。

2.2.2 日本の二次元文化からの派生物

　日本語における「二次元」の本来の意味は「二次元アニメーション」で、「紙や電光板などの平面上に描かれたアニメ、ゲーム、漫画などのキャラクター」という意味になる。日本では、「二次元」という言葉は、仮想のキャラクターが持つ現実の人間とは異なる美しさを強調して使われることが多い。バーチャルアイドルという言葉は、1984年に日本で誕生したバーチャルアイドルの林明美に遡ることができる。日本のア

ニメ作品『超時空要塞マクロス』[1]のヒロインのキャラクターに声優・飯島真理の声を合わせて発売された音楽アルバムは、瞬く間に日本のオリコン音楽ランキングの上位にランクインした。

　世界で初めてバーチャルアイドルとして本格的にデビューし、大衆的な視野で活動を開始したのは、日本のYouTuber兼音楽アーティストのKizuna AIである。Kizuna AIは、白を基調とした公式服にアームカバーとブーツの縁が黒いレース、胸にはAIの「A」の刺繍が施されており、おへそと腰が少し見える丈の短い服を着て、茶色がかった髪をピンクで染めている3Dフィギュアで作られた人工知能の少女である。

2.3 デジタル経済の台頭

　インターネット生放送プラットフォームは、バーチャルアイドルの最大の活動場所である。世界最大の動画配信・ライブ配信プラットフォームであるYouTubeは、毎月20億人近いオンラインユーザーを抱える。バーチャルキャスターの主なライブ配信プラットフォームはYouTubeがほとんどである。YouTubeでは、視聴者が「スーパーチャット」という機能を使い、バーチャルアイドルのライブ配信チャンネルのチャットルームにコメントとともにお金を送ることができる。これがバーチャルキャスターの主な収入源の一つになっている。2021年12月時点で、YouTubeで月間「スーパーチャット」が最も多かった30のバーチャルアイドルのチャンネルを合計すると、前年同期比20%増の3.4億円となり、2008年10月以来の最高を記録した。

　バーチャルアイドルのファンが自分の好きなアイドルを応援するために、そのキャラクター商品やグッズ、あるいはライブ配信プラットフォームのスーパーコメントを喜んで購入していることはよくある。バーチャルアイドルという職業がYouTube上で商業的価値を示していることに伴い、多くの企業や電子商取引プラットフォームがその商業的価値が想像をはるかに超えていることを認識し始めた。バーチャルアイドルの商業的チャンスも、ここから始まっていると言える。

　日本の有名なバーチャルアイドル企業カバーの傘下にあるバーチャルアイドルグループ「ホロライブ」の6期生は、表1のように、2021年12月のYouTubeプラットフォーム上でのファンからのスーパーコメント機能だけで1億円以上の利益を上げた。

---

[1] 超時空要塞マクロスとは、1982年10月3日にTBS系で放映された日本のテレビアニメ。TBS系列（ティービーエスけいれつ）とは、TBSテレビ及びTBSラジオをキー局とする放送事業者のネットワークの総称。

4 モデル論文における実践マニュアル

表1：スーパーコメント機能で上げた利益

Rank	Channel	Super Chat Revenue	Count
1	Chloe ch. 沙花叉クロヱ - holoX -	+CN￥1,767,447	+18k
2	Iroha ch. 風真いろは - holoX -	+CN￥1,284,251	+21k
3	Koyori ch. 博衣こより - holoX -	+CN￥914,900	+19k
4	Rindou Mikoto ／竜胆 尊	+CN￥899,196	+8.4k
5	Laplus ch. ラプラス・ダークネス - holoX -	+CN￥861,007	+14k

注：スーパーチャットサイト「Playboard」[1]のデータ（2021.12）より筆者が多少変更を加えた。

　表1について、「Rank」は順番の意味を指す。「Channel」は、チャンネルやチャネルといった表現で使われる単語であり、周波数帯や通信路、水路や海峡といった意味を持つ。「Super Chat」は、YouTubeパートナープログラム[2]を通じてチャンネルで収益を得られる手段である。この機能を有効にすると、視聴者が購入してチャットメッセージを目立たせることができる。ときには、チャットフィード上部に固定されることもある。「Revenue」とは、「歳入、収入、収益」などの意味を持ち、「Count」は、何かの数を数える時に使うものである。

　表1は五つのチャンネルについて、それらの順番と収入を一目瞭然で示している。
　日本経済がコロナ禍の影響を受けている今、1000万円以上、1億円以上の年収を保つ職業はほとんどなく、バーチャルアイドルはコロナの影響をポジティブに受けている数少ない職業の一つと言える。現在の日本の雇用環境において、現実という不可抗

　1　Play Boardは、YouTubeのAPIデータを分析し、個々の放送局のYouTubeライブストリーミングの収益を迅速に照合する、YouTubeライブストリーミングプラットフォームに関する最も権威のある統計サイトである。

　2　パートナープログラムとは、販売業務提携を促進する制度。代理店であるパートナーを継続的にサポートし、お互いにとって良い関係を構築していく必要がある。パートナープログラムを構築することで、パートナー企業社員のモチベーション向上や長期的な販売促進に繋がる。
　合作伙伴计划是促进销售业务合作的制度。有必要持续支持作为分销商的合作伙伴，并建立互惠互利的关系。通过合作伙伴计划，可以激励合作伙伴的员工，促进长期销售。

力に左右されない職業はほとんどなく、バーチャルアイドルがその特性を持つということは、この職業のビジネス価値が、日本の多くの伝統的職業をはるかに凌駕していることを証明している。

　バーチャルアイドルの消費層はファンであり、「人数が多い」、「消費力が高い」という特徴を持っている。これは、ビジネスにおける消費者のニーズと複合している。そのため、バーチャルアイドルグループをつくろうと資金を投じる企業が増えており、電子商取引プラットフォームもバーチャルアイドルとの商品コラボレーションに着手している。

図1: ホロライブ × 極楽湯[1]「フロライフ」コラボキャンペーン
（出典：極楽湯 https://rakuspa.com/hololive/ より）

　図1のように、ホロライブと極楽湯という全く異なる業種の企業間提携は、バーチャルアイドルが従来のアイドルや日本の伝統的な芸能界よりもはるかに広い範囲でビジネスパートナーシップを結べるということが証明されるものであろう。

3.カバー株式会社の傘下のバーチャルアイドルの運営状況

　カバー株式会社は、2016年6月13日に谷郷元昭によって設立された。カバーの事業は、当初バーチャルリアリティに関する技術ソフトウェアやアプリケーションの研究・設計を中心に行われていた。Kizuna AIや初音ミクなどのバーチャルアイドルの人気に伴い、カバーは、生身の人間がバーチャルアイドルを操作してライブ中継を行

---

[1] 極楽湯は、温浴専業会社として唯一の上場企業であり、最多の店舗数だけでなく強力な店舗開発力と店舗運営力を合わせ持ち、名実ともに業界NO.1としての誇りを持ち、「リーディングカンパニー」として先頭を走り続けている。
　极乐汤是唯一一家专业经营温泉浴的上市公司，不仅拥有最多的店铺，还拥有强大的店铺开发和店铺管理能力，名副其实地成为行业第一，继续引领行业发展方向。

うソフトの開発に着手した。また、バーチャルアイドルがリアルな視聴者と双方向に交流することを可能な限り実現しようとしている。バーチャルアイドルブームの到来を受け、カバーは設立当初のソフト開発会社から、バーチャルアイドのデザイン、制作、運営を行うバーチャルアイドルエージェンシー[1]へと転身した。

3.1 バーチャルアイドルのIP化

　消費財であるIP（Intellectual Property、知的財産）の存在は、製品開発を企業の下に統合するだけでなく、消費者と製品そのものの距離を縮め、消費者はもはや自分を単なる「消費者」ではなく、より「支援者」の視点で、託されたIPの発展と持続性にできる限り貢献することができるのである。そして、IP化する中で、バーチャルアイドルとIPに不可欠なキャラクターとしてファンとの交流や会話が広がる。バーチャルアイドルはファンから応援され、消費者としてのファンはそこから精神的な安らぎを得るという双方向の関係が可能となったのである。自社バーチャルアイドルのユニークなIPイメージとパートナーの製品推薦協力を通じ、製品のユニークな価値特性やブランド文化の意味合いを強調し、消費者の消費欲を満足させるとともに、パートナーに自社バーチャルアイドルの重要性を反映し、パートナー製品のブランドロイヤルティ層の感情的相互作用と価値体験が実現するのである。

　ホロライブ・バーチャルアイドルグループが2018年に初めて立ち上げたアイドルグループの場合、1期生から2021年12月に立ち上げた6期生まで、さまざまな国から60人ものバーチャルアイドルがライブ配信プラットフォームで活躍している。

図2：マルチメディア分野別のIPベースの開発スタッフ募集
（出典：https://hrmos.co/pages/cover-corp/jobs?page=2　2022春閲覧）

1　エージェンシー（agency）とは、民間のサービス提供会社や政府機関、行政庁などを指す言葉。イギリスでは特に、政府の執行的機能を分離した行政機関を指す。（日本語辞典より）
　　机构（agency）是一个术语，指私营服务提供商、政府机构和行政机构等。在英国，它特指独立于政府行政职能之外的行政机构。

会社は各バーチャルアイドルに対し、図 2 が提示されているように、人物設定、背景ストーリー及びアイドルの 2Dlive モデルを設計した。ホロライブ傘下のバーチャルアイドルも、当初はインターネット中継のみの形であったが、その後に会社が絵師を採用して世界観や背景ストーリーに特化された人物設定漫画を描いた。さらに、バーチャルアイドルのキャラクターや音声をコンピュータゲームのキャラクターにしている。カバーは、バーチャルアイドルの運営において、単調なライブ配信で収益を上げることに飽き足らず、自社のバーチャルアイドルのキャラクター設定やキャラクターモデルを IP 化することで、ビジネスの幅を広げていく取り組みを始めている。

　また、人数の増加に伴い、バーチャルアイドルを言語別の IP に分類し、それぞれの言語の国の神話や文化的背景に合わせてアイドルのキャラクターをデザインするようになった。これにより、バーチャルアイドルは、日本国内はもちろん、海外でもプロモーションや商品化がしやすくなった。

　バーチャルアイドルのバックグラウンドストーリーや設定をデザインする際に、日本の最も有名なモンスター文化を統合することで、一般人の受け入れと理解を大幅に簡素化したのである。これにより、IP ベースでありながら、同社のバーチャルアイドルがより身近に感じられるようになった。

　また、バーチャルアイドルが職業として世間に受け入れられることは、その後のバーチャルアイドルのバックストーリーに基づいた異分野の IP 展開が、消費者やファンに受け入れられやすくなることを意味する。二次元文化の普及・発展が最も進んでいる日本は、マルチメディア産業が高度に発達しているため、バーチャルアイドルという、マルチメディアと二次元文化の要素を最大限に含んだ職業を開発することができたわけである。バーチャルアイドルの IP も、ゲーム、コミック、アニメ、小説、映画、舞台劇など、開発可能な領域は幅広いと言える。

　バーチャルアイドルの IP は様々な分野で市場を開拓する一方で、職業としての持続可能性が問われている。持続可能性があるからこそ、ビジネスシステムを改善し、強みを補完する時間が長く取れるのである。現在、日本の経済市場は、職業としてのバーチャルアイドルの市場格差が飽和状態にあるが、IP ベースの開発から得られる持続可能性は、経済市場の他の分野でも新しい道を切り開く可能性を持っている。

　カバーは、同社が運営するバーチャルアイドルグループの多くのアイドルの人物設定を通じ、IP 文化における「プロダクトストーリー」、つまりバーチャルアイドルに関する世界観や背景ストーリーを構築しようとしている。世界観や背景をベースとし、アニメやマンガ、ゲームなどのマルチメディアの世界に当てはめようとしている。『hololive ERROR（ホロライブエラー）』は、2021 年 8 月 1 日にティザー PV が公開したホロライブによるメディアミックス作品である。架空の学園「青上高校」の生徒たちが不可思議な事件に巻き込まれていく話を描いた「学園ホラー」モノで、ホロライブの所属タレントが声優として生徒たちの声を担当する。

　マルチメディアプラットフォームの範囲内での IP の発展に加え、カバー社はまたバーチャルアイドルの IP を現実に持ち込んで、そのより多くの商業価値を実現する

ために努力している。謎解きレーベル・よだかのレコードとコラボしたリアル謎解きイベント『hololive ERROR ～青上高校からの脱出』が、2021年11月19日と11月20日に開催された。このバーチャルアイドルの人物設定を基にしたリアル密室脱出プロジェクトに参加するには、事前にチケットを購入しなければならない。

IP化は、バーチャルアイドルのビジネス上でプラスになることは間違いない。IP化の発展に最も重要なのは、会社の傘下にあるバーチャルアイドル自身のイメージと、そのイメージに付随する人物設定である。しかし、会社所属のバーチャルアイドルの中の人が変わり、その人物を元のIPストーリーから除外しなければならない場合は、元々設定していたストーリーや人物関係を変更しなければならなくなる。バーチャルアイドルグループの中で人が変動すると、連鎖反応が起き、元のパートナーと設計したタイアップ契約の二次修正が必要となる。その二次修正は、契約違反に対する賠償を意味する。この問題は、バーチャルアイドルのIPビジネス化の中で無視できない問題点となってきた。

例えば、ホロライブ3期生として活躍しているVTuber潤羽るしあは、2022年2月10日22時頃ゲーム配信中に起こった出来事で炎上し、ファンからネガティブな意見を受け、同年2月24日をもって契約解除となった。その翌日、ホロライブオフィシャルショップに「潤羽るしあ 誕生日記念2022」に関するお知らせが載せられ、「この度『直筆サイン＆メッセージ入りポストカード』のご用意が難しくなってしまったので、本商品をご購入のお客様に該当商品のキャンセル・返金のご対応をさせていただきます」と伝えられた。

このように、メンバーの変更により、公式サイトで発表されていたアイドルグッズの販売ができなくなり、すでに契約金を支払っている消費者に返金サービスを行うことがある。

契約に基づいて正常な販売のデフォルト行為を行うことができなくなれば、消費者の会社に対する信用を低下させることを招き、会社の販売するバーチャルアイドル・グッズの購買意欲を低下させる恐れがある。それだけでなく、グッズ制作に関わる工場との契約を履行できない場合は、違約金を払わなければならない。

このような問題の解決に最も効果的で手っ取り早い方法は、各関連グッズの制作期間を圧縮し、契約締結の際、将来発生可能な不確定事項を告知欄に記入し、取引先や消費者に商品が生産過程で直面するリスクを事前に認識させることにあると考えられる。消費者や取引先が、商品のリスクを理解した上で協力・購入できるようにするのである。そうすれば、将来人事異動で商品が売れなくなっても、契約違反や消費者の不満が出ないようにすることが可能となる。

3.2 バーチャルアイドルのコマーシャル・オペレーション

ホロライブの主な事業運営方法はYouTubeでのライブ配信である。ファンに配信す

る「スーパーチャット」や、広告会社がバーチャルアイドル会社に支払う広告料が主となる。

ファンはそれに応じた料金を支払うことで、自分のコメントを生放送のチャットルームにスーパーコメントとして掲載することができる。バーチャルアイドルは、社外からのタイアップやプロモーションで報酬を得ることができる。例えば、ゲームメーカーと提携し、自社のライブゲームを得意とするバーチャルアイドルであれば、ゲームのプロモーションを担当することなどが挙げられる。

会社では自分のバーチャルアイドルの誕生日やデビュー記念日になると、誕生日グッズや記念日グッズを宣伝するための生放送が行われる。ファンは、好きなバーチャルキャスターのそうしたグッズを購入することで、好きなアイドルを応援することにつながる。

歌が得意なバーチャルアイドルには、会社が専用のライブ会場を設けてライブを行う。ライブ開催直前には、ライブグッズも販売する。バーチャルアイドルは、ファンによるライブグッズの購入やライブチケットの販売に応じた収益を得ることができる。

4. バーチャルアイドルの運営における問題

バーチャルアイドルは大きな発展を遂げていると同時に、運営における問題が徐々に浮かび上がってきている。

4.1 サステナビリティから見るリスク

会社はバーチャルアイドルの商業発展を重視するあまり、それを操る「中の人」のトレーニングをおろそかにしている。バーチャルアイドルというキャラクターの操作者として、「中の人」に対する活動分野の法律や規制の訓練や科学的普及をおろそかにすると、バーチャルアイドルが「中の人」の操作の下で不適切な操作や発言をすることになりかねない。その行為は、バーチャルアイドルそのもの、そして会社にも大きな悪影響を与える。

ホロライブのメンバーは夜の中継や生放送での不適切な発言で中国視聴者の不満を募らせた。その後ホロライブは公式チャンネルで謝罪声明を発表したが、中国の視聴者にとっては受け入れられないようである。

こうして、カバーは中国市場を失ってしまったのである。中国市場を失うことは、会社にとって名誉・利益の両面で大きな打撃となった。これらの事件が起こったのは、所属するバーチャルアイドルのメンバーに対する法律知識の普及不足と、バーチャルアイドルが行うイベント企画に対する監督管理の不備が原因と考えられる。

4.2 運営へのアドバイス

　バーチャルアイドルの役割を演じる人物に関して、企業はそれにふさわしい人物を選ぶ際に、もはやその人物の才能や資格だけに焦点を当てるべきではない。審査の過程で候補者のネット関連の法律条規の知識をランク付けし、「中の人」たちの法律知識と関連分野の知識の教育訓練を充実させることがより一層重要となる。契約を結ぶ際には、違反した場合のリスクとコストを明確に説明し、企業と「中の人」の双方が十分に信頼・理解することで、バーチャルアイドルが活動する際のリスクを大きく軽減することができる。

　また、バーチャルアイドルを運営する会社は想定外のリスクに関する事項を扱う専門部署を設置する必要がある。「中の人」やバーチャルアイドル関連のソフトや機材を準備しても、事故を未然に防ぐことはできないため、緊急事態に対応する部署を設置することが重要となる。これは、不測の事態が発生した後、タイムリーにストップロスを実現し、会社の損失を軽減するための最良の選択肢である。

　また、バーチャルアイドルの事業を長く持続させるためには、担当者への配慮が不可欠である。自身の実演家としての氏名を正しく表示することを求める氏名表示権、実演家としての名誉・声望を害するような実演の改変等に対して同一性保持権を主張し得ることが、VTuber を保護することに寄与する局面もあり得ると考えられる。VTuber に対しては、鑑賞者・ファンからの侵害が尽きない[1]。自然人であれば、生涯にわたって肖像権は当然自己のものであり続けるが、VTuber にとってはそうではない。VTuber が所属事務所から独立・移籍した場合、その肖像権の帰属に関して、事務所が管理する著作物か、それとも別扱いができるのかが問題となる（原田伸一朗 2021, 39:7）。したがって、企業と雇用契約を結ぶ前に、自分が働くことになるバーチャルアイドルが制作する作品の著作権について理解しておくことが重要であり、将来こうした問題から生じるかもしれない法的紛争を避けるためにも、仕事を引き受ける前に企業と相談することが必要である。

5. おわりに

　本論文では、日本カバー傘下のホロライブチームを切り口として、バーチャルアイドルの発展やその運営会社における IP 化を利用して市場を開拓する問題について考察してきた。結果から言うと、バーチャルアイドルがその商業経済の寿命を延長させるためには、IP 化を利用して異なるビジネス分野市場を開拓し、インターネット以外

1　原田伸一朗 . バーチャル YouTuber の人格権・著作者人格権・実演家人格権 [J]. 静岡大学情報学研究 , 2021.

のプラットフォームを拡大することが必要であることを見出した。日本経済の発展に応える一方で、企業は従業員を採用する際のプロフェッショナリズムの要件を強化し、インターネットにおける法律や規制への認識を強化する必要がある。緊急事態が発生した場合、その損失を最小限に抑えるため、社内にそうした事態に対応するための専門部署を設置する必要がある。以上の手段を用いれば、バーチャルアイドルが日本経済市場における活力を維持し、新しい分野に進出することができ、より明るい未来が開けると考えられる。本論文はバーチャルアイドルのビジネス経営を理解する手がかりを提供できるものと考える。

本論文の結論は、収集された資料とデータのみの考察であるため、未熟な点も多い。バーチャルアイドルの運営におけるリスクコントロールについては、今後の課題としたい。

参考文献

[1] 王莉. 资本竞相涌入 虚拟偶像"钱"景如何[N]. 中国商报, 2021.

[2] 张昕熠. 虚拟网红形象的IP化发展研究[D]. 湘潭：湘潭大学, 2020.

[3] 郭健宁. 网络虚拟主播的亚文化风格研究[D]. 湘潭：湘潭大学, 2020.

[4] 尚怡君. 从依附到共生：虚拟偶像及其粉丝的拟社会互动研究[D]. 郑州：郑州大学, 2020.

[5] 林海翔. 中国虚拟主播业破圈热的困境与破局之道[J]. 社会科学前沿, 2020.

[6] 雷雨. 虚拟偶像的生产与消费研究[D]. 南京：南京师范大学, 2019.

[7] 周诗韵. 身份认同视角下虚拟偶像的中国粉丝消费动机研究[D]. 厦门：厦门大学, 2019.

[8] 原田 伸一朗. バーチャルYouTuberの人格権・著作者人格権・実演家人格権[J]. 静岡大学情報学研究, 2021.

[9] 原田 伸一朗. バーチャル YouTuberの肖像権—CG アバターの「肖像」に対する権利—[J]. 情報通信学会誌, 2021.

[10] 横田健治. バーチャルYouTuberの提供価値の分析[J]. 電子情報通信学会, 2019.

[11] 横田健治. バーチャル YouTuber視聴者の調査[R]. KDDI 総合研究所, 2018.

[12] Liudamila Bredikhina. Virtual Theatrics and the Ideal VTuber Bishōjo[D]. University of Geneva, 2021.

[13] Tommie Ann Sutton. Gendered Rhtoric of Video Game Streaming: Female Agency, Harassment and Cat Girls[D]. University at Albany, 2021.

[14] Liudamila Bredikhina. Designing Identity in VTuber Era[D]. University of Geneva, 2020.

謝辞

　本論文を完成させられたことは、お世話になった郁青先生や多くの方々のおかげだと思っています。この場を借りてお世話になった方々に謹んで深厚なる感謝の意を表させていただきます。そして、大学での四年間、日本語学科の諸先生やクラスメートからもいろいろお世話になりました。いつも励まし、応援してくれる両親と、悩んでいる私のそばにいてくれた友人たちにも感謝の意を表したいと思います。

4.1.3　語句と文型の解釈

(1) 語句

1. マルチメディア〔まるちめでぃあ〕④ multimedia，多媒体
2. サブカルチャー〔さぶかるちゃあ〕③ subculture，亚文化；非主流文化
3. 毛色〔けいろ〕◎ 毛色；种类；情况；性质；脾气
4. 二次元〔にじげん〕② 二维空间；虚构世界，指在纸面或屏幕等上呈现的动画、游戏等平面视觉作品所营造的虚拟世界
5. リーディングカンパニー〔りいでぃんぐかんぱにい〕⑥ 领头企业
6. 終始〔しゅうし〕① 自始至终；一贯
7. インタラクティブ〔インタラクティブ〕④ interactive，互动的；相互影响的
8. 助けを借りる〔たすけをかりる〕③+③ 得益于；受到……的帮助
9. プロセス〔ぷろせす〕② process，步骤；方法；程序
10. 生老病死〔しょうろうびょうし〕⑤ 生老病死；人生在世无法逃避的四种苦难
11. 通念〔つうねん〕① 一般人共同具有的想法
12. 際立つ〔きわだつ〕③ 显著；显眼；突出
13. グッズ〔ぐっず〕◎ goods，商品；演唱会等大型演出中贩卖的周边商品
14. コロナ禍〔ころなか〕③ 指新型冠状病毒造成的不良影响
15. 電子商取引〔でんししょうとりひき〕⑦ 电子商务
16. コラボレーション〔こらぼれいしょん〕④ collaboration，合作；共同打造
17. 安らぎ〔やすらぎ〕◎ 平静；安稳
18. 立ち上げる〔たちあげる〕④⑤（电脑、程序）启动；成立；设立
19. 取り組み〔とりくみ〕◎ 解决；认真对付
20. コミック〔こみっく〕① comic，漫画
21. 密室脱出〔みっしつだっしゅつ〕⑤ 密室逃脱游戏
22. 手っ取り早い〔てっとりばやい〕⑥ 迅速的；直接的
23. おろそか② 敷衍；马虎；草率

24. サステナビリティ〔さすてなびりてぃ〕⑤ 可持续的

サステナビリティ（sustainability）とは、「持続可能性」を意味する。
「持続可能な開発」は、国連の「環境と開発に関する世界委員会」が、1987年に発表した報告書「Our Common Future」の中心的な概念に取り上げられました。

(2) 文型

1．V普通形＋あまり

［意味］ 过度；过于；太
　　　　～すぎて。程度がすごいことを表す。

［接続］ V（普通形・肯定形）＋あまり；イA（普通形・肯定形）＋あまり；ナA
　　　　な＋あまり；Nの＋あまり

［JLPT レベル］ N2

例：何とか逆転しようと焦る**あまり**、かえってミスをたくさん犯してしまった。
　　因为急于要反败为胜，结果反倒失误更多。

例：娘がかわいい**あまり**、ついつい甘やかして育ててしまった。
　　女儿太可爱了，一不小心就把她宠坏了。

例：中国文化が大好きな**あまり**、国での仕事をやめて中国に留学に来ました。
　　因为太喜欢中国文化了，所以辞去了国内的工作来中国留学。

例：忙しさの**あまり**、友だちに電話をしなければならないのをすっかり忘れていた。
　　因为太忙，把给朋友打电话的事忘了个一干二净。

2．～ようにする／ないようにする

［意味］努力（不）做……（表意志）
　　　　ある目的を達成するために努力することを表す。「～ようにしている／～ないようにしている」とテイル形を用いると、目的を達成するために継続的に努力していること、つまり習慣となっていることを表す。

［接続］V基本形＋ようにする
　　　　Vない形＋ないようにする

［JLPT レベル］ N4

例：今は手が離せませんが、終わり次第できるだけ早く着く**ようにします**。
　　虽然现在腾不出手来，但是结束后会尽快到达。

例：試験日には、目覚まし時計を2台セットして寝坊し**ないようにしよう**。
　　考试那天为了不晚起，我要上两台闹钟。

例：油ものは食べ**ないようにしている**。
　　尽量不吃油腻的东西。

3. ～つつある

[意味] 正在……
　　　　だんだん～ている。
　　　　書き言葉で使われる。動作や作用がある方向に変化していることを表す。
[接続] Vます形 ＋つつある
[JLPT レベル] N2

例：世界は不景気から回復しつつある。
　　世界正在从衰退中慢慢复苏。
例：いろいろな環境問題により、人々の意識は変わりつつある。
　　各种环境问题正在改变人们的意识。
例：この海底では長大なトンネルを掘りつつある。
　　这里海底正在开掘一条长长的隧道。

4. ～べきだ

[意味] 应该；应当
　　　　～した方がいい ／ ～するのが当然だ。常識的に～するのが当然だと言う
　　　　時に使う。
[接続] V辞書形＋べきだ　　　※「する」は「すべきだ」となる
[JLPT レベル]　N3

例：健康のためにも、毎日野菜は食べるべきだ。
　　为了健康，应该每天吃蔬菜。
例：他人の私生活に干渉すべきではない。
　　不应干涉他人的私生活。

5. ～必要がある

[意味] 必须；需要
　　　　～しなければならない。ある目標や目的を達成するためには、～しなければな
　　　　らないという意味。
[接続] V辞書形＋必要がある
[JLPT レベル] N4

例：海外で働くには、その国でワーキングビザを取る**必要がある**。
　　要在国外工作，必须获得该国的工作签证。
例：御社の製品を採用するかどうかは、もう少し社内で検討する**必要がある**。
　　是否使用贵公司的产品，我们公司内部还需要讨论一下。

6. ～にわたって

[意味] 在……范围内；涉及……；一直……
　　　　～の全体に及んで。ある行為や状態がその範囲全体に及んでいる様子を表

す表現。

［接続］N+ 必要がある

［JLPT レベル］N3

例：事故による影響で、渋滞は5キロにわたって続いている。
　　受交通事故影响，堵车长达5公里。

例：この研究グループは水質汚染の調査を10年にわたって続けてきた。
　　该研究小组对水污染的调查已有十年之久。

4.1.4　指導法とスキル訓練

(1) 専門用語の解読と学習

① バーチャルアイドルとは、人工的に作られた実在しない架空のアイドルのことです。当初はバーチャルアニメやゲームのキャラクターなどがアイドル的な人気を獲得した場合に使われる言葉でした。しかし、最近では文字通り「アイドル」として活動しているキャラクターが登場しています。

　　虚拟偶像是虚构的、人为创造的、不存在的偶像。起初，当虚拟形象或游戏角色获得类似偶像的人气时，人们就会使用这个词。不过，最近出现了一些真正充当"偶像"的角色。

② 知的財産（ちてきざいさん）とは、物としての財産ではなく、「知的創造活動によって生み出された財産的価値を有する情報」です。知的財産権制度とは、知的創造活動によって生み出されたものを、創作した人の財産として保護するための制度です。

③ ホロライブとは、カバー株式会社が運営する"ホロライブプロダクション"というVTuber事務所に所属する女性VTuberグループを指します。

④ マーケティングとは、企業が製品またはサービスを顧客に向けて流通させることに関係した一連の体系的市場志向活動のことです。売買そのものを指す販売よりもはるかに広い内容をもち、販売はマーケティングの一部を構成するにすぎません。マーケティングの内容を機能的に分解すると、戦略政策問題、製品問題、市場・取引問題、販売問題、販売促進問題に大別されます。

　　市场营销是一套系统的、以市场为导向的活动，与向客户分销公司的产品或服务有关。它的内容比销售广泛得多。销售指买卖本身，而销售只是市场营销的一部分。营销内容按功能大致可分为战略政策问题、产品问题、市场和贸易问题、销售问题和促销问题。

⑤ IPとは、インターネットプロトコル(Internet Protocol)の頭文字からとった略称で、日本語では「知的財産」（ちてきざいさん）と訳されることが多い概念です。

⑥ ペルソナ (persona) とは、サービス・商品の典型的なユーザー像のことで、マーケティングにおいて活用される概念です。実際にその人物が実在しているかのように、年齢、性別、居住地、職業、役職、年収、趣味、特技、価値観、家族構成、生い立ち、

休日の過ごし方、ライフスタイルなど、リアリティーのある詳細な情報を設定していきます。ちなみに、マーケティング関連の用語の中に、ペルソナと似た言葉として「ターゲット」というものがあります。

　　角色是一种典型的服务产品用户形象，是营销中使用的一个概念。它基于真实而详细的信息，如年龄、性别、居住地、职业、职务、收入、爱好、特长、价值观、家庭结构、成长经历、节假日的度过方式、生活方式等，就像这个人真实存在一样。顺便提一下，在与市场营销相关的术语中，与"角色"相似的术语是"目标"。

　⑦ **マネジメント** (management) は、英単語をそのまま訳せば「管理」や「経営」という意味を持ちます。今では、組織の管理や運営を示す言葉として広く使用されています。マネジメントの大きな役割は、組織の「目標、案件、プロセス」を管理することで、組織の目標を達成することにあります。（出典：https://www.hito-link.jp/media/column/management　20230804 閲覧）

　マネジメントという言葉の定義はさまざまですが、一般的に認識されている定義は、著名な経営学者として知られるピーター・フェルディナンド・ドラッカー(1909～2005、アメリカ) が 1973 年に刊行した『マネジメント』から生まれたとされています。ドラッカーは起業コンサルタントや経済学者として活躍し、経営や経済に関する著作を多く発表してきました。

　　"マネジメント" (management) 如果按英文单词直译，就是"管理"和"经营"的意思。现在，它被广泛用来表示一个组织的管理和运营。其重要作用是通过管理该组织的"目标、事项和流程"来实现其目标。"management（管理）"一词的定义有很多，但公认的定义据说产生于著名管理学者彼得・费迪南德・德鲁克 (1909—2005，美国) 1973 年出版的《管理》一书。德鲁克是一位企业家顾问和经济学家，出版了许多关于管理学和经济学的著作。

　⑧ **台頭** の意味は、(1) 頭をもたげること。勢力を得てくること。(2) 上奏文などで高貴の人の名や関する語を、普通の行よりも高く上に出して書くことです。「台」は「持ち上げる」、「頭」は「あたま」を意味します。あるものの勢力が伸びて進出すること、勢いを増してくることを表します。人や世間などに存在を知られるようになるというイメージです。元々は「頭を持ち上げること、頭をもたげること」を表していましたが、転じて「力をつけて勢いを増す、有力になってくる」ことを表すようになりました。何かが勢いを見せてきて、これから先は、そこから目が離せない存在になったり、その業界の中心になりそうだという場合に「台頭」を使います。（出典：https://eigobu.jp/magazine/taitou#:~:text=「台頭」の意味は）

　　"台頭"的意思是：1. 抬起头来，获得力量。2. 在上奏文中，把身份高的人的名字和相关词放在比普通行更高的地方写出来。"台"的意思是"抬起"，"头"的意思是"头部"，表示某一事物势力增长、气势增加，逐渐为人所知。原本表示"抬起、抬起头"，转而表示"增加力量、增加气势、变得有力"。如果有事物展现了较好的势头，即将成为一股不可忽视的力量，或成为行业的中心，在这种情况下就可使用"台頭"。

⑨**リスクコントロール** (risk control) とは、リスクの発生を未然に防止・抑制したり、あるいは万一発生したリスクによって生じる損害を最小化したりするための手法を言います。リスクコントロールの手法には、回避、損失制御、結合、分散、転嫁などがあります。

风险控制指预防或控制风险发生，或在风险发生时将其造成的损失降至最低的方法。风险控制方法包括规避、损失控制、组合、分散和转移。

(2) 「はじめに」に書かれている内容

Q：この論文の型はどのような論文型なのかを考えましょう。
A：理論型のような論文だと思います。

理論的論文において、理論的な課題をテーマとするには、先人の研究業績をきちんと調べ、問題点を明確にするとともに、絞ったテーマにすべきです。理論的な説明をする場合には、文章の内容を表す題がついています。わかったことと、そこから考えたこと、研究課題についてどのように考えたのかなどが書かれています。（曹春玲・湯伊心・割沢泰 2016:58）

この論文の「はじめに」の章は、全部で四つの節から構成されています。それらは、**研究背景、先行研究、研究目的と方法、論文構成**という順になっています。それぞれ見ていきましょう。

研究背景では、研究の動機、問題の所在と研究の課題を説明します。ここでは、どうしてこのテーマを選んだのか、どういうことが問題になるのか、取り組む課題は何かを示します。

この論文の「はじめに」の「研究背景」における具体的な文章表現をもう一度読みましょう。

先行研究では、自分の研究テーマに関して、ほかの研究者がどのような研究をしてきたのか、その先行研究をどのように評価するのか、先行研究でまだ不十分なところはどこにあるのかを示します。

この論文の「はじめに」の「先行研究」における具体的な文章表現をもう一度読みましょう。

研究目的と方法では、この研究でどのような問題を解決するか、その問題を解決するためにどのような方法を採用するかを説明します。研究方法としては、文献研究、調査、事例研究、実験、比較研究などが挙げられます。研究方法の概念説明だけでなく、具体的にどのようにその方法を用いるかを提示する必要があります。

この論文の「はじめに」の「研究目的と研究方法」における具体的な文章表現をもう一度読みましょう。

論文構成では、この論文は何章で構成されるのか、それぞれの章で何をするのかを論理的に、簡潔に説明します。

この論文の「はじめに」の「論文構成」における具体的な文章表現をもう一度読みましょう。

皆さんはここまで読んできて、論文の「はじめに」に書かれたものがはっきりわかってきたのでしょうか。それぞれの項目で使われている文型や文章表現を使い熟せるように頑張りましょう。近いうちに自分が卒論を書くときにきっと参考になるはずです。

(3) 「本論」に書かれている内容

まず「本論」における、いくつかの章や節のアウトラインを抜き出してみましょう。

本論におけるアウトライン

2. バーチャルアイドルとそのビジネス価値
 2.1 バーチャルアイドルの定義
 2.2 バーチャルアイドルの誕生と発展
 2.3 デジタル経済の台頭
3. カバー株式会社傘下のバーチャルアイドルの運営状況
 3.1 バーチャルアイドルの知的財産化
 3.2 バーチャルアイドルのコマーシャル・オペレーション
4. バーチャルアイドルの運営における問題
 4.1 サステナビリティから見るリスク
 4.2 運営へのアドバイス

Q：この本論のアウトラインを読んでから、わかったことは何でしょうか。

A：章や節がいくつかあります。第2章から第4章まで、全部で3章立てになっています。

では、それぞれの章の見出しを読みとってみましょう。

Q：「第2章　バーチャルアイドルとそのビジネス価値」は何を述べたのですか。

A：バーチャルアイドルには、伝統的なリアルアイドルより優れているところがあります。バーチャルアイドルはYouTubeで大人気を博し、ライブ配信、キャラクター商品やグッズ販売などが主な収入源になり、そのビジネス価値を示しています。

Q：「第3章　カバー株式会社傘下のバーチャルアイドルの運営状況」は何を述べたのですか。

A：カバー株式会社は自社のバーチャルアイドルのキャラクター設定やキャラクターモデルを多くの分野でIP化し、ビジネスの幅を広げていく取り組みを始めています。

Q：「第4章　バーチャルアイドルの運営における問題」は何を述べたのですか。

A：法律やインターネット条規への認識不足でさまざまな問題が浮かんできました。会社の損失を最小限に減らすために、バーチャルアイドル運営会社は従業員に対する法律知識とインターネット条規への認識を強化すること、突発事件の処理や緊急部署の創設が必要になります。

(4) 「結論」に書かれている内容

この論文の「おわりに」からわかったことを、次のようにまとめてみました。

一つ目は、バーチャルアイドルがその商業経済の寿命を延長させるためには、IP化を利用して異なるビジネス分野市場を開拓し、インターネット以外のプラットフォームを拡大する必要があるということです。
　二つ目は、リスクコントロールのために、バーチャルアイドルを運営する会社はインターネットにおける法律や規制への認識を深める必要があるということです。
　三つ目は、緊急事態が発生した場合、その損失を最小限に抑えるため、緊急事態に対応するための専門部署を設置する必要があるということです。
　では、結論の書き方をもう一度まとめてみましょう。
　白井・高橋（2013：145）の研究によると、結論の部分には、**自分が言いたいこと、先行研究にはないこと、自分が集めた資料やデータから確実に言えること**、この三つの重なったところが結論です。結論を書くときには、だらだらした文章はタブーです。簡潔に書くことがベストです。

(5) 「要旨」に書かれている内容

　要旨の書き方について詳しく知りたい場合は、第五章5.1を参照しましょう。ここではまず、この論文の要旨（350字ぐらい）の実例を読んでみましょう。

日本におけるバーチャルアイドルの知的財産化とビジネス価値について
―カバー株式会社のホロライブチームを例として―

　本論文では、日本カバー株式会社のホロライブチームを切り口として、公表されたマーケティング収益と時価データについて考察と分析を試みた。バーチャルアイドルの発展とIP化を利用して市場を開拓する問題についても検討した。結果から見れば、バーチャルアイドルが商業経済の寿命を延長したこと、知的財産化を利用しインターネットプラットフォーム以外の商業分野を開拓すべきであることが発見された。したがって、バーチャルアイドル運営会社が従業員に対する法律知識とインターネット条規への認識を強化することもわかった。突発事件の処理や緊急部署の創設により、会社の損失を最小限に減らすことが提示された。本論文の考察結果は、バーチャルアイドルのビジネス経営を理解する手がかりを提供できるであろう。

　要旨についてどうまとめられたか、次の表に提示されたものを参照しながら、グループでディスカッションしてみましょう。そして、これらの提示された項目を、上にまとめた要旨の中から見つけてみましょう。

研究の背景…………………………………………………	問い・先行研究の成果と問題点
研究の目的…………………………………………………	何を解決し、明らかにするのか
研究の方法（観点、立場など）…………………………	どのような手法で明らかにしようとするか
研究結果……………………………………………………	どのような結果が得られたのか／何が明らかとなったのか
研究評価……………………………………………………	何の貢献・意義があると考えられるか／研究の不十分なところがあるか

　ここで、この論文の要旨（日本語）を中国語に翻訳してみましょう。要旨だからこそ、中国語の場合も理論的な文章でないといけません。それを念頭に置きましょう。

> **论日本虚拟偶像的 IP 化与商业价值**
> ——以日本 Cover 公司旗下 Hololive 团队为例

(6) 「謝辞」のつけ方

卒業論文において「謝辞」をつける場所は大学によって違います。筆者が勤めている大学では、「謝辞」は最後で締めくくります。詳しくは第五章5.3を参照しましょう。まず、謝辞の実例を読んでみましょう。

> まず、論文指導の教員海美蘭先生に感謝の意を表します。始めから最後まで熱心なご指導を頂きました。また、日本語学科の先生たちにも感謝の意を表します。先生たちのおかげで、私は日本語を身につけることができました。
>
> それから、私の友人たちにも感謝の気持ちを表します。論文を書くときに、いろいろと手伝ってくれました。心からお礼申し上げます。

では、この謝辞（日本語）を中国語に翻訳してみましょう。

スキル訓練のような感じで、第五章5.3参照しながら、自分なりの謝辞を書いてみましょう。

(7) スキル訓練

まず、「日本におけるバーチャルアイドルの知的財産化とビジネス価値について」というモデル論文の序論、本論、結論において、どのような文型、文章表現、語句が用いられているかを抜き出しましょう。

序論の部分	(1)
	(2)
	(3)
本論の部分	(1)
	(2)
	(3)
	(4)
	(5)
結論の部分	(1)
	(2)
	(3)

この論文をもう一度詳しく読み返し、以下の問いに答えてみましょう。その場で、お互いにディスカッションしても構いません。

①この論文のアウトラインを抜き出してください。
②この論文の研究背景を考えてみましょう。
③この論文の研究目的は何だと思いますか。
④この論文の研究方法は何だと思いますか。
⑤この論文の不十分なところはどこにあると思いますか。

4.1.5　評価と分析

笔者认为，该学生的论文选题较为新颖，以日本虚拟偶像的 IP 化和商业价值为主题，尝试研究虚拟偶像这一新兴职业是如何产生和发展的，围绕如何通过 IP 化来提高虚拟偶像的商业价值进行论述，同时对目前已经出现的虚拟偶像面临的问题进行分析并提出建议。虚拟偶像是近年来的新生事物，与虚拟偶像直接相关的研究资料在国内并不丰富，该论文除了参考汉语和日语资料外，还查阅了英语文献，丰富的参考文献给予作者更多的启发和思考。

《论日本虚拟偶像的 IP 化与商业价值——以日本 Cover 公司旗下 Hololive 团队为例》的作者一直以来对虚拟偶像领域比较关注，通过文献阅读和归纳，对该领域有了一定的了解。虽然虚拟偶像这一选题本身较为新颖，但是与亚文化相关的选题在日语专业近十几年的本科毕业论文中也很常见，如日本 ACG 文化[1]在中国的接纳程度有目共睹，还有日韩粉丝文化对中国的影响等，看似与论文没有直接关联，但是一定程度上可以启发该论文作者的研究思路和研究方法。

这篇论文整体结构比较清晰，但较多篇幅却是对虚拟偶像产生及发展的梳理，对于真正应该着重进行分析的第三章，即如何更好地开发虚拟偶像的商业价值，论述深度不够；第四章虚拟偶像目前存在的问题与相应的对策，论述较为薄弱。从语言表述看，不尽如人意，部分语句表达仍然存在词不达意的现象，学术用语比较贫乏，这就告诉我们，该学生的日语水平还有待提高。此外，由于论文中出现了较多外来语与涉及虚拟偶像人名的专用名词，一定程度上增加了读解论文的难度。

本篇论文中存在的日语语法误用现象也是日语本科毕业论文当中较为常见的现象，因此，阅读本教材的学生在评析他人论文的过程中可以思考，该从哪几个方面提升自己的语言表述能力，同时，在自己的毕业论文撰写中尽可能避免出现类似情况。

4.2　日本語教育に見られる中日敬語の特徴

4.2.1　関連知識と概念

(1) 日本語教育とは

日本語教育とは、日本語を母国語としない人に日本語を教えることを言います。日本語を教える人は「日本語教師」です。ちなみに、日本語が母国語である人に日本語を教えることは「国語教育」と言います。その場合、「国語教育」に携わる先生を「国

1　所谓 ACG，是动画（Animation）、漫画（Comic）与游戏（Game）的英文首字母缩写。该词特指性相对较强，一般不翻译成中文，文本需要时或根据语境可译为"动漫游戏""二次元"或"动漫游"等。

語科教師」または「国語教師」と呼ぶのが一般的です。（global-saiyou.com/column/view/japanese_education より）

「日本語教育の推進に関する法律」について見ていきましょう。

目的（第一条）

（背景）日本語教育の推進は、我が国に居住する外国人が日常生活及び社会生活を国民と共に円滑に営むことができる環境の整備に資する。我が国に対する諸外国の理解と関心を深める上で重要である。

（目的）多様な文化を尊重した活力ある共生社会の実現、諸外国との交流の促進並びに友好関係の維持発展に寄与。

定義（第二条）この法律において「日本語教育」とは、外国人等が日本語を習得するために行われる教育その他の活動（外国人等に対して行われる日本語の普及を図るための活動を含む）をいう。

基本理念（第三条）

①外国人等に対し、その希望、置かれている状況及び能力に応じた日本語教育を受ける機会の最大限の確保。

②日本語教育の水準の維持向上。

③外国人等に係る教育及び労働、出入国管理その他の関連施策等との有機的な連携。

④国内における日本語教育が地域の活力の向上に寄与するものであるとの認識の下行われること。

⑤海外における日本語教育を通じ、我が国に対する諸外国の理解と関心を深め、諸外国との交流等を促進。

⑥日本語を学習する意義についての外国人等の理解と関心が深められるように配慮。

⑦幼児期及び学齢期にある外国人等の家庭における教育等において使用される言語の重要性に配慮。

出典：https://www.bunka.go.jp/seisaku/kokugo_nihongo/kyoiku/ 20220719閲覧

(2) 海外における日本語教育の状況

日本の外務省による調査結果（図1）によると、日本語教育の実施は過去最多の142か国・地域で確認されています。そして、全世界の「日本語教育機関数」と「日本語教師数」は過去最多で、前回比では5か国増となりました。ジンバブエ、東ティモール、ベリーズ、モザンビーク、モンテネグロの5か国です。全世界の「日本語学習者数」は再び増加し、約385万人となりました。2015年調査では学習者数が初めて減少しましたが、今回の調査では、前回比5.2%（191,749人）増でした。学習者数は104か国・地域で増加、41か国・地域で減少、東アジアと北米以外の全ての地域で増加となりました。増加の国・地域は、中国、オーストラリア、タイ、ベトナム等で、減少した国・地域は、インドネシア、韓国等です。「初等教育」は前回比20.9%（57,778人）増、「学校教育以外」は同37.1%（224,963人）増でした。

出典：外務省大臣官房文化交流・海外広報課　令和元年11月22日

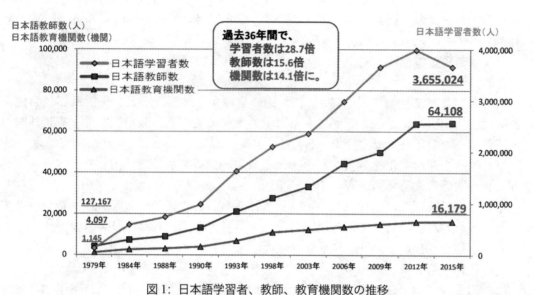

図1：日本語学習者、教師、教育機関数の推移
（出典：「第8回日本語教育推進議員連盟総会用資料」国際交流基金2017年6月15日）

（3）対照研究の定義、範囲、方法

「対照研究」の「対照」は、言うまでもなく研究の方法のことです。言語の対照研究は「異なる言語を比較対照する」という方法による研究です。研究方法には必ず目的があります。比較対照の場合、その主な目的は「他者を鏡とし、ある物事が持つ特徴やその特徴が持つ意味を具体的にとらえる」ことにあります。

众所周知，"对照研究"中的"对照"指研究方法。语言对照研究指通过运用"比较对照不同语言"的方法进行研究。每一种研究方法都有其目的，就比较对照而言，其主要目的是"以他者为镜，具体把握某事物所具有的特征和这些特征的意义"。

具体的には、次の三つのことが言えます。

第一に、「比べる」ことは「よく観察する」ことにつながります。我々は「一見同じように見えるが、よく見たら違う」、「一見違うように見えるが、よく見たら似ている」ということをしばしば経験することがあるでしょう。買い物のときも、複数の商品をさまざまな角度から比較し、それぞれの特徴をくわしく知ろうとします。

第二に、「比べる」ことは、「重要な特徴を際立たせる」ことにもつながります。我々は「我々が若いころは……だったが、今の若い人は……」、「日本人は……だが、中国人は……だ」のように、比較や対比にもとづいてものを言うのが好きです。比較・対比により、それぞれが持つ性質を明確に浮かび上がらせることができるからです。

第三に、「比べる」ことは「全体の中での位置づけを知る」ために必要です。（井上：2015）

さらに、対照研究について、井上（2015）は次の五つにまとめています。

①言語の対照研究は言語研究の一分野ではなく、言語を研究する際のスタイル・立ち位置です。

②他の言語と比べて考えることは、対照研究だけでなく、個別言語研究においても重要です。

　③日本語研究の立場から対照研究を行うことは、日本語研究者の役割の一つです。

　④おもしろい対照研究にするためには、「何が問題の本質か」を常に考えながら研究を行うこと、そしてふだんから異なる言語の研究者と直接話をしながら研究を行うことが重要です。

　⑤言語を比べて考えることは、言語について分析的に考えるセンスを磨くのに役立ちますが、学生（特に留学生）が対照研究を研究テーマにするのがよいかどうかは、それとは別に考える必要があります。

　ちなみに、ネットで調べてみると、中日における対照研究について、約685,000,000件（20230805検索）が出てきました。次のスクリーンショットを参照しましょう。

① 日中同じ漢字で違う意味【日中同形語】｜中国語 …
池袋の中国語専門教室。在学中無料で使える中国語eラーニング「スマチュ」とプロのネイティブ中国語講師のレッスンで忙しいビジネスマンでも効率よ …
e-chinaikb.jp

② 日中同形語の相違から見る日本語における漢語動詞 …
<p>日中両言語における同形同義語には、文体的な相違があることが指摘されてきた。しかし、文体的な相違で説明できないAT同形同義語が存在し、そ …
cir.nii.ac.jp

③ CiNii 図書 - 中国語と対応する漢語
中国語と対応する漢語. 早稲田大学語学教育研究所[編]（日本語教育研究資料）文化庁, 1978. タイトル読み. チュウゴクゴト タイオウスル カンゴ
ci.nii.ac.jp

④ 中国人日本語学習者による日中 形語の意味習得
東アジア国際言語研究 第2号 46 後述の通り、日中 形語とはいえ、必ずしも意味範囲または用法が じであるとは限らない。
icaweb.info

⑤ 日中対照言語学研究論文集：中国語からみた日本語 …
Webcat Plus: 日中対照言語学研究論文集：中国語からみた日本語の特徴, 日本語からみた中国語の特徴, 文字・語彙・文法・語用・言語行動・コミュニケー …
webcatplus.nii.ac.jp

⑥ 日本語と中国語の同形語 国立国語研究所 日本語研究 …
大河内 康憲, 大河内 康憲（編）, 日本語と中国語の同形語, 『日本語と中国語の対照研究論文集 下』, くろしお出版
bibdb.ninjal.ac.jp

4.2.2　モデル論文の全体像

日本語教育に見られる中日敬語の特徴

1.はじめに

　敬語は人と人とが互いの意志疎通を可能にする重要なコミュニケーション手段の一つであり、中日両言語で幅広く使われている。日本人であろうと中国人であろうと、コミュニケーションをスムーズに進めるために、日常生活や職場など、さまざまな場

面で敬語が常に用いられる。日本では、敬語による表現形式や固定的な文法が定着していると言っても過言ではない。このように、中国語を母語とする日本語学習者にとって日本語の敬語を上手に使いこなせるようになるにはかなり難しさがあると筆者は自身の指導体験から感じていた。両言語の敬語には使用上どのような差があるか、また日本語学習者にとって敬語の使い方はどのように把握すべきか、本稿ではこれらの点を明らかにすることを目的としている。そのため敬語における定義、分類、具体的表現形式、用例という四つの観点から中日両国語の敬語の特徴を対照し、検討していきたい。

2.敬語とは何か

　敬語の定義に関してはいくつかの説がある。佐伯（1998：92）によると、敬語とは発話者、または書き手が他の人物を目上の人と待遇して用いる特定の言語形式のことである。例えば「お目にかかる」、「ご結婚なさる」、「お帰りになる」などの敬語の表現形式は発話者より目上の相手に用いられる。このように、敬語とは発話者が相手や話題の人物を目上の人として待遇していることを示す言語形式である。これらの表現は広く言えば待遇表現とも呼ばれる。

　辞書（『大辞林』三省堂第三版）によると、敬語は聞き手や話題にのぼっている人物・事物に対する発話者の敬意を表す言語的表現とされている。日本語の敬語には、聞き手・話題に対して発話者の敬意を表す「尊敬語」や「謙譲語」と、聞き手に対して発話者の敬意を直接に表現する「丁寧語」がある。以下、用例を見ていく。

　【1】筆者が恩師へ送ったあいさつのメールである。

　先生、本当にご無沙汰しておりますが、お変わりございませんか。日本では、もうすぐお正月になるので、ごあいさつをしようと思い、年賀状を作ってみました。読んでいただければ、幸いです。では、またご連絡いたします。（波線は筆者による）

　【1】の文章の中で波線をつけているところは書き手である学生が目上の先生に対して敬意を表す言い方である。このような場面で、先生は目上で尊敬すべき対象となり、筆者は「いただく」や「いたす」という表現形式を用いている。日本人の文化背景では上下関係が重んじられており、自分より目上の人であれば、このような敬語の表現形式が用いられる。

　次は、中国語の敬語についてである。『現代漢語辞典』（第五版　商務印書館）によると、敬語とは、発話者が自分の尊敬や感謝の意、あるいは自分の謝罪や謙譲の気持ちを表明する専用の言葉であるとされている。例として、「北京空港での出迎え」の会話場面を見てみよう。

　【2】王：您好！我姓王，欢迎你们不辞路远前来访问。
　　　　　　はじめまして。王です。遠いところをようこそいらっしゃいました。
　　　浅野：初次见面，我叫浅野。感谢你们专程来接机。
　　　　　　はじめまして、浅野です。わざわざお出迎え恐れ入ります。

王：不客气。我们衷心欢迎你们。好，请到这边来。
　　　　どういたしまして。心からお待ちしておりました。さあ、どうぞこちらへ。
　　高：先生，我帮您提行李吧。
　　　　お荷物お持ちしましょうか。
　　浅野：谢谢，不必了。没什么东西。
　　　　　いや、いいですよ。別にたいしたものもありませんから。

［苏琦（2008）『日語口訳教程』p. 255］

　【2】の会話で、「您好」の「您」は第二人称として特に相手に敬意を示す時に用いられ、複数形はない。「您好」と「你好」（こんにちは）は、意味は同じで、初対面のあいさつには「您好」がよく用いられる。話者同士が親しい間柄であれば「您好」は使われない。

　次に、中国語の「请＋動詞」（どうぞ……）という表現形式は、上の例の「请到这边来」にあるように尊敬や丁寧な気持ちを表す時にしばしば使用される。例えば、「请到这边来」（どうぞ、こちらへ）、「请喝茶」（どうぞ、お茶をお召しあがりください）、「请进」（どうぞ、お入りください）、「请坐」（どうぞ、おかけください）のような組み合わせの言い方が常に使われている。

　定義から見れば、両者とも固定的な表現形式である点が指摘される。例えば、動詞（いただく、请）や人称代名詞（わたくし、您）であり、さらに、「ご結婚なさる」、「お考えになる」、「見られる」、「お聞きする」などのような中国語にない敬語表現もある。したがって、どちらにおいても普通より丁寧な言い方で、礼儀正しいイメージが持たれている。日本語の場合は話題にする人物が目上と待遇した時に異なる言語形式が用いられるのに対して、中国語の場合は相手の地位によって言葉遣いの変化はほとんど見出せない。

3．敬語の分類

　敬語の分類について両言語では敬意を表す時の気持ちは同様であっても、表現形式や種類は必ずしも同様ではないものがあると定義から見出せる。

3.1 日本語における敬語の分類

　日本語の敬語は基本的に三種類に分けられる。すなわち、尊敬語、謙譲語、丁寧語である。河路（2006：165）の説によると、尊敬語は目上の人など、立場が上の人や他人に対して用いる言葉であり、謙譲語は自分の立場を低めることで相対的に相手を高める言葉である。そして丁寧語は普通より多少丁寧な言葉遣いをすることで、意識しなくても自然に日常的に、相手に敬意を払っている様子を表すための言葉であるとされている。

　これに関連して邢（2008：15）は、敬語を従来の分類とは異なる新たな分類に分けたとされている。その説を参照しながら多少変更を加えて、表1にまとめてみた。

表1: 日本語における敬語の分類

従来の分類	新分類	使用例
(1) 尊敬語	尊敬語（相手を立てて述べる）	いらっしゃる、なさる、読まれる
(2) 謙譲語	謙譲語Ⅰ（自分側をへりくだる）	伺う、お届けする、ご説明する
	謙譲語Ⅱ（丁重語）	参る、申す、拙著
(3) 丁寧語	丁寧語（相手に丁寧に述べる）	です、ます、ございます
	美化語（物事を美化して述べる）	お水、お仕事、ご返事

　この分類では謙譲語を二つに分け、表現形式を細分化している。例えば、一つ目の「伺う」という言い方は自分から相手への行為について相手を立てて述べることで、二つ目の敬語動詞「参る」は自分の行為を相手に謙って述べる言い方である。さらに美化語（お水）は丁寧語（ます・です）のグループに入れられている。

　さらに、辻村（1977）は別の分類方法を提案している。次の図を見てみよう。

```
            ┌ 素材敬語 ┌ (1) 尊敬語（会話の相手を立てる言葉）
            │         │ (2) 謙譲語（自分の側をへりくだる言葉）
敬語 ┤         └ (3) 美化語（尊敬も謙譲もせず、美しい言い方）
            └ 対者敬語…… (4) 丁寧語（相手を丁寧に待遇する言葉）
```

　　　　　　　　　　　　　　　（佐伯等〈1998：94〉『国語概説』から引用）

　図中の「素材敬語」とは表現の素材となる人物、物事、事柄に関する敬語である。それは三つに分けられる。

　(1) 尊敬語とは、発話者や書き手が目上の人と待遇した際の聞き手そのものや、その人物の事物、動作、状態などについて敬意を払っていることを表す言葉である。自分の側の行動や事柄については、尊敬語は用いない。以下はその具体例である。

　人物そのもの……あなた、先生……　例文：「お母様がご入院なさった」
　人物の事物……ご返事、お財布……　例文：「ステキなお帽子ですね」
　人物の動作……召し上がる、いらっしゃる、お話になる……　例文：「お越しになります」
　人物の状態　……お元気、お美しい、ご健康……例文：「ご婚約なさったのですね」

　(2) 謙譲語とは発話者や書き手を相手よりも下に置いた表現のことである。自分を低めた言い方を使うことで、結果的に相手を高め、敬意を示す表現方法である。謙譲語も尊敬語と同じように、人物そのものや、その人物の事物・行動などについて言う敬語である。

　人物そのもの……わたくし、せがれ
　人物の事物　……愚見、小社

人物の動作　……お呼び出し申し上げる、読ませていただく
　謙譲語はその言葉自体がへりくだりを表す場合があり、例としては「見る」→「拝見する」、「言う」→「申す」「申し上げる」、「もらう」→「いただく」「頂戴する」などが該当し、すべて異なる動詞が謙譲語として使われている。
　　（3）美化語とは話し手が聞き手に上品な印象を与えるために使う言葉である。文法的に見れば敬語とは言い難いが、聞き手に対する配慮を示しているということで敬語に準じるものとされることが多いようである。発話者が聞き手に対して品位を表すために、表現の素材となる事物、動作、状態などを美化して言う敬語である。また丁重語を美化語に入れる研究者もいる。
　　事物　……おなか（腹）、お茶（茶）
　　動作　……やすむ（寝る）、食べる（食う）
　　状態　……おいしい（うまい）
　このように、名詞に「お」（お店、お食事）や「ご」（ご返事、ご丁寧）を付けたり、語彙を変えたりすることで美化語は作られる。話し手は普通に使うが、男女に使用の差がある。特に女性は「お……」、「ご……」をよくつける傾向があると言われている（河路：85）。
　日本語の語彙は和語、漢語、外来語に分けられる。美化語の名詞に「お」をつけるか「ご」をつけるかといった場合、和語には例えば「お静か」のように「お」をつける。漢語には「ご健康」のように「ご」をつける。外来語に「お」や「ご」はつけない。（河路 2006：175）
　　（4）佐伯（1998：96）によると、丁寧語は「発話者が聞き手に対してつつしみの気持ちを表す敬語」であると述べられている。日本語では、普通の丁寧さを表す時には「です」、「ます」よりも「であります」、「でございます」のような丁寧語の表現形式がしばしば使われる。
　このように、日本語の敬語の分類は研究者によってそれぞれ異なっている。本稿では、対照研究の観点で、河路（2006：165）による敬語の尊敬語、謙譲語、丁寧語という基本三種類に焦点を絞り、中国語の敬語との対照比較を行ってみたい。

3.2 中国語における敬語の分類

　中国語の敬語には日本のような複雑な敬語表現形式はあまり見出されない。日本語のような細かい分類もあまり存在せず、形成されていないと言ってもよいぐらいである。中国語の敬語の分類については周（2008）の研究によると、表2のように分けてみることができる。

表2: 中国語における敬語の分類

敬語の分類		使用例
(1) 尊敬語		您（あなた様）貴校（貴校）閣下（閣下） 敬请（どうぞ）赐教（ご指導くださる）など
(2) 謙譲語		鄙人（小生、不肖）　不才（不肖、私め） 岂敢岂敢（どういたしまして、恐れ入ります）
(3) 雅語	感謝の言葉	不胜感激（心から感謝いたします） 多谢（誠にありがとうございます）
	詫びの言葉	对不起（すみません）不好意思（恐れ入ります） 请原谅（お許しください）
	挨拶の言葉	您好（こんにちは）　您早（おはようございます） 再见（さようなら）　回见（またお目にかかります）

曹春玲（2012）中国語における敬語の分類

　表2を総括すると、日本語の敬語と比べ、かなり異なると言ってもいいであろう。中国語の敬語の場合、その表現形式はほとんど語彙が中心となっており、使いやすい。日本語の敬語のような文法的な複雑さは持っていないと言える。

　中国語の敬語の表現形式を見ると、特定の代名詞「您」や「貴……」あるいは動詞「请……」などが用いられるのに加え、尊敬の意を表す際には、日本の尊敬語と似ている。自分の立場で言う場合、否定の意を含む言語形式でわざわざ自分を低めることで相手を高め、敬意を表すやり方は日本の謙譲語に似ていると考えられる。

　最後に「感謝の言葉」、「詫びの言葉」、「あいさつの言葉」を雅語と呼ぶが、これはよりきれいな言葉遣いや上品さを表すための言葉遣いである。これらの丁寧さと柔らかさを持つきれいな言い方は、今の社会では「雅語」[1]と呼ばれている。例えば「请慢用／ごゆっくり」、「请保重／お気をつけください」、「请笑纳／ご笑納ください」などがある。これは、日本語の尊敬語と謙譲語に入れても自然であろう。例えば、「非常感谢／誠にありがとうございます」、「请喝茶／お茶をお飲みください」は日本の尊敬語に近く、「失礼／失礼いたします」、「回见／またお目にかかります」などは日本の謙譲語の表現形式に近い。要するに、品位や上品さを表現できる言葉遣いは「雅

　1　本稿で「雅語」とした表現と日本語の「雅語」とは性質的なものが異なっている。日本の雅語は伝統的でみやびやかな言葉として、詩歌や古文の表現に用いられる。（梅沢忠夫等〈1995〉『日本語大辞典』講談社）。
　中国の「雅語」は比較的上品な言葉やきれいな言い方を指す。フォーマルな場合や、目上の人と女性のいる場合に常に用いられる。これらの言葉を用いるとその人の文化的素養や他人を尊重する個人的資質も具現できる。現在は礼儀正しく上品さのある言葉であれば「雅語」と言うことが多い。例えば、食事をする時に「请慢用／ごゆっくりお召し上がりください」、また「告辞、拜访、打扰、回见、光临」などは、日本語に訳すと、「失礼いたします、お伺いします、お邪魔いたします、お目にかかります、いらっしゃいます」となる。

語」と呼ばれることが多くなり、中国全土に広がるようになった。

　中国語は孤立語で日本語のような「です、ます、であります、でございます」の形は存在しない。その代わりとして名詞における敬語が存在しており、尊敬表現としての「貴、尊、令」と謙譲表現としての「敝、拙」などの接頭辞がある。例としてみると、尊敬語の場合は「貴姓（お名前）、貴體（お体）、貴府（お宅）、尊夫人（奥方）、令尊（お父様）、令堂（お母様）、令郎（お子さん）などであり、謙譲語の場合は敝公司（弊社）、拙作（自分の作品の謙称）、拙見（自分の意見の謙称）、寒舍（自分の家の謙称）」などである（周筱娟2008：43-63）。

　また、年上の人の姓に「老」をつけて「老曹」と呼んだりもする。一昔前は見知らぬ人や初対面の人に「同志」や「師傅」と呼びかけるのが丁寧な呼びかけ方であったが、時代が変わり、このような呼びかけをする人は少なくなっている。その代わりに、男性に対して「先生」、女性に対して「小姐」と呼びかけるようになった。そして現在では、年齢を問わず、男性には「帅哥（かっこいいお兄さん）」、女性には「美女（美しいお姉さん）」と呼びかけることが多くなってきた。

　動詞の場合は上でも触れた「请＋動詞」（どうぞ……）が一般的で、例としては「请便／ご自由に」などがある。また、フォーマルな場合に使われている敬語の表現形式は、例えば「何かを依頼する、働きかける」時に、「……してください、……したい」よりも「……することができますか、……してもいいですか」という丁寧なニュアンスをもたせるために、英語の"Could you, Can you"または"May I"に相当するものを使う。中国語ならば「能不能」、「可不可以」、「好不好」、「行不行」のような疑問文を用いることが多くなっている。

4. 用例に見られる中日両言語の敬語の特徴

　敬語の特徴を示す用例として、中日両言語ともに電話での会話を取り上げてみよう。まず、日本語の例を見ていく。

　【3】日本のある会社社員が中国人に電話する時
　　黄頴：こちらは東方会社の営業部でございます。
　　佐藤：日本朝日商社の佐藤でございますが、王静さんはいらっしゃいますか。
　　黄頴：王静ですね、少々お待ちください。
　　王静：もしもし、お待たせしました、王静です。
　　佐藤：佐藤です。（省略）いつお届けしたらよろしいでしょうか。
　　王静：明日の午前中に持ってきていただければありがたいのですが。
　　佐藤：はい、それでは、明日の午前中お届けします。
　　　　　　　　　　　　　　　　　　　（曾憲凭1998：127『日語口訳基礎』）

　【3】の会話の波線部のような敬語の表現形式はフォーマルな会話場面によく用いられる。特に仕事の成否に関わる電話の相談や交渉などでは、基本的なマナーとして

このような敬語を使う心得は欠かせないとされる。例えば、王静は「いただければ」、佐藤は「お届けします」という謙譲表現を使っているが、いずれにおいても発話者が相手に敬意を表現するために自分側の物事を謙譲の口調で述べている。これは日本社会のマナーであり、特にビジネスの世界では、敬語を用いることが常識となっている。

また「いらっしゃいます」と「お待ちください」は、「居る」と「待つ」に対する敬語である。その形式は日本語の基本文法的なもので、日本語学習者としてはこれらの基礎知識を身につけることが大切である。特にビジネスのようなフォーマルな場合には、丁寧な言い方や敬語を使うエチケットを心得ている人がよりよい評価をされるであろう。

次は中国語の例を通して敬語についてどのような表現形式があるのかを見ていく。

【4】電話を取るのが遅れた時

李：让您久等了。这里是东方公司。
　　お待たせいたしました。東方会社です。

取引先：百忙中打扰您，非常抱歉。我是日本朝日商社的上岛。
　　　　请问营业部长佐藤先生在吗？
　　　　お忙しいところを申し訳ございませんが、私、日本朝日商社の上島と申します。営業部長の佐藤様をお願いしたいのですが。

李：对不起。佐藤先生正在通电话。您别挂电话，稍等一下，好吗？
　　申し訳ございません。佐藤はただいま電話中ですので、
　　このまましばらくお待ちいただけますか。

（目黒真実等 2007：116『日語会話商務篇』）

中国の職場では、一般的には代名詞である「这里・这儿／こちら」を用い、日本語のような「です、でございます」という丁寧語は使われない。「非常抱歉／申し訳ございません」や「对不起／申し訳ありません」は文字通りで、お詫びをする時に用いられるあいさつ用語である。そのほか、お詫びの言葉として、「不好意思／恐れ入ります」のような言い方もある。

さらに、3.2節で述べたように中国語における「您」（あなた様）と「你」（あなた）は二人称代名詞であり、「您」は尊敬あるいは丁寧の意を表す呼称で、「你」は普通の呼び方である。「请……」は「どうぞ……してください」という意味であり、中国語では、尊敬や丁寧な気持ちを表す重要な敬語表現形式の一つであり、日常的で、幅広く用いられている。

5. 結果のまとめ

中日両言語の用例を対照した結果から、会話の場面において敬語使用状況をまとめてみると、次の表3のようになる。

表3: 中日両国語における敬語の使用状況

言語表現の場面	尊敬語		謙譲語		丁寧語	雅語		
						感謝	詫び	あいさつ
	日	中	日	中	日	中	中	中
電話への応対の言葉遣い	○	○	○	×	○	○	○	○

注:表3では「日」は日本語の敬語、「中」は中国語の敬語の略。「○」はよく用い、「×」は用いないことを示す。

日本語の敬語の中では、尊敬語、謙譲語、丁寧語が中心であるのに対して、中国語の敬語の中では、尊敬語や感謝、お詫び、あいさつを雅語とされる言葉遣いが中心である。

6. おわりに

本稿では中日両国語の敬語表現について、定義、分類および会話の用例を用いて、両言語の敬語の使われ方について比較を行った。そこで、両者の特徴について明らかになった点を以下に列挙する。

（1）日本語の敬語の場合、発話者が相手や話題の人物に対する敬意を表すために固有の言語表現形式があり、また文法の一部として欠かせないものとなっている。中国語の敬語は尊敬や謙譲の意を表す具体的な語句を指すものであり、ほとんど語彙が中心で文法的なものは持っておらず、基本的な語順に応じて使えばよい。

（2）敬語の種類について、日本語の尊敬語や謙譲語は中国語の敬語と対応しているが、謙譲語は中国語の敬語において種類が少ない。中国の場合、感謝の言葉、詫びの言葉、あいさつの言葉の三種類を「雅語」と呼び、こうした上品さのある表現形式は中国全土に広がっている。

（3）両言語の対比結果から見ると、日本において敬語の使用は、発話者が相手との上下関係によって言葉遣いを複雑に変化させるものである。敬語の使用範囲の幅は広く、種類も多い。これらは日本語学習者にとっての難点となり得る。学習者として日本語の敬語を上手に把握するためには、やはりその言語文化をよりよく理解し、言語ルールや基礎知識を身に付けることである。そして、どのような場合に、どのような種類の敬語を使えばよいかを理解できるようにする。

中日両国ともに情報化文明は発達してきても、両国の文化や言語の使用習慣には違いがあり、敬語の使い分けや言葉遣いは言うまでもなく異なっている。日本語は敬語の表現形式が豊かな言語であり、相手と自分の立場の違いによって、その表現形式がさまざまに変化する。一方、中国語の敬語体系は、その使用状況を日本と比べてみるとそれほど多彩ではなく、文法的な細分化にもまとまりがないようである。

学習者は相手の国の言葉を使う際、やはり自国の言葉と常に比較対照し、両者の共通点や相違点を探すことである。それらを理解した上で的確に使えば、上達するはずであると筆者は確信し、そうなるように願っている。

参考文献

[1] 梅沢忠夫等（1995）『日本語大辞典』講談社
[2] 河路勝（2006）『美しい敬語を身につける本』中経出版
[3] 久保田修（1997）『日本語の表現』双文社出版
[4] 邢文柱（2008）《日语知识》大连外国语学院出版社
[5] 佐伯哲夫、山内洋一郎（1998）『国語概説』和泉書 PP92-97
[6] 周筱娟（2008）《现代汉语礼貌语言研究》中国社会科学出版社
[7] 苏琦（2008）《日语口译教程》商务印书馆
[8] 辻村敏樹（1977）『岩波講座日本語 4 敬語』共文社
[9] 目黒真実 細谷优（日）著、郭志红（译）（2007）《日语会话：商务篇》外语教学与研究出版社

出典：曹春玲（2012:31-40）「日本語教育に見られる日中敬語の特徴」『NIDABA』第41号 西日本言語学会

4.2.3 語句と文型の解釈

(1) 語句

1. 意志疎通 / 意思疎通〔いしそつう〕①+◎ 互相理解；有共鸣
  例：**意志疎通**ができなかったので、別々の道を歩くことになりました。
   相互无法产生共鸣，所以只好选择走不同的路。
  例：**意志疎通**を容易にするには、コミュニケーションを取る必要があります。
   为了更容易促进相互理解，沟通很必要。
2. 過言ではない〔かごんではない〕④+① 并非言过其实
3. のぼっている⑥ 达到
4. 敬意を払う〔けいいをはらう〕①+② 致敬　例：英雄に敬意を払う。 向英雄致敬。
5. 謙る〔へりくだる〕④謙虚；谦逊　例：あまりにも謙りすぎる。 过于谦虚。
6. せがれ（自分の息子のことをへりくだっていう語 / 对自己儿子的谦称）◎ 小儿；犬子
7. 言い難い〔いいがたい〕④难以启齿；不好意思说
8. 準じる〔じゅんじる〕④按照；依照；以……为标准
9. 慎み〔つつしみ〕◎ 谨慎；慎重　例：慎みが足りない。不够谨慎。
10. 孤立語〔こりつご〕◎ 孤立语；词根语
11. 言葉遣い〔ことばづかい〕④措辞；说法
12. 雅びやか〔みやびやか〕③雅致；风流

13. 見知らぬ〔みしらぬ〕◎ 未见过的；不认识的
14. 働きかける〔はたらきかける〕⑥ 推动；发动；对……做工作
    例：各方面に積極的に働きかける。 在各方面积极推动。
15. エチケット① 礼节；礼仪；规矩
    例：彼氏がエチケットを知らないのでとてもがっかりした。
        我很失望，因为我男朋友不懂礼仪。
16. 言うまでもない（わざわざ言う必要もなく、勿論、無論、当然に）③＋① 当然；不用说……
（用于句子或者段落开头，表示"这是大家都知道的事，没有必要再说"的意思；用来确认某种不言而喻的事，作为其开场白；用于句首时，可以用"言うまでもないことだが"替换）
    例：**言うまでもないが、このプロジェクトは私にとって極めて大きな意味を持つ。**
        当然，这个项目对我来说意义重大。

(2) 文型

1．～によると

［意味］根据……（表示信息来源或判断来源）
［接続］N＋によると／によれば
［JLPT レベル］N3
    例：**佐伯（1998：92）によると**、敬語とは発話者、または書き手が他の人物を目上の人と待遇して用いる特定の言語形式のことである。
        根据佐伯（1998:92）的研究，敬语指说话人或书写人将他人当作长辈对待时使用的一种特定的语言表达形式。
    例：**この資料によれば**、経営状況は毎年悪化傾向にあることがわかる。
        根据这份资料可知，经营状况每年都在恶化。

2．～であろうと～であろうと

［意味］也好……也好……；不论……还是……
［接続］N＋であろうと＋N＋であろうと＝N＋であれ＋N＋であれ
［JLPT レベル］N1
    例：私は仕事で**あれ**遊びで**あれ**、何でも一生懸命にやる。
        工作也好，娱乐也好，无论什么事我都努力去做。
    例：大人で**あろうと**子供で**あろうと**、ルールを守りましょう。
        无论是成人还是孩子，都要遵守规则。

3．～に関する

［意味］关于……
「～について」よりも硬い表現で、書き言葉や改まった場面で使われることが多い。

［接続］　N＋に関して、後ろに名詞が来る場合は、「～に関するN」、「～に
してのN」。
［JLPT レベル］N3

例：地球温暖化の問題に関して、私たちがしなければならないことは何だと思いま
すか。
你认为在全球变暖问题上，我们需要做些什么？

例：日本語の中級文法に関する本を探しているんですが、何かおすすめはありま
すか。
我在找一本日语中级语法书。你有什么建议吗？

4.2.4　指導法とスキル訓練

(1) 専門用語の解読と学習

① **敬語**とは、聞き手や話題の人物に敬意を表す言葉です。日本語では立場によって言葉を使い分けます。目上の人と話す際には、敬語を使うことが重要となってきます。敬語には、尊敬語、謙譲語、丁寧語の三種類があります。

② **意志疎通**（いしそつう）は、互いに考えていることを伝え、理解を得ること、認識を共有することなどの意味です。意思の疎通コミュニケーションとも言います。
「意志疎通」と「意思疎通」の使い方の違いは、「意志疎通」の場合、互いに目標を決め、その目標達成のために協力関係を良好にして、結果を得られるときなどに使うことが多いとされます。「意思疎通」は、お互いの考えを提示して、理解し合えることなどに使います。（出典：https://meaning-dictionary.com/20221107 閲覧）

③ **待遇表現**（たいぐうひょうげん）とは、聞き手や話題の人物に対して、話し手の尊敬や卑しめの気分を言い表す言語表現です。

④ **言葉遣い**とは、「物の言い方」、「言葉の使いぶり」、「言葉の選び方」、つまり「話すときの言葉の使い方や選び方」という意味です。例えば、「言葉遣いが綺麗」ならば「正しい言葉や表現を使って話している人」を表します。

⑤ **孤立語**（こりつご）とは、単語に語形変化がなく、文法的機能が語順によって表される言語です。

実は、日本語教育能力検定試験では、膠着語（こうちゃくご）、屈折語（くっせつご）、孤立語（こりつご）に関する問題が出ます。世界の言語は、この三つのタイプに分けられます。ちなみに、日本語は「膠着語」です。

孤立語（こりつご）は、単語の形は変化せず、単語を並べる順番で文章が決まる語です。よって語順が重要になります。中国語がその代表例です。孤立語には、中国語、ベトナム語、ラオス語、タイ語、クメール語、サモア語などがあります。

孤立语没有词形变化，句子内容由词的排列顺序决定，词序很重要。汉语是孤立语

的典型代表。孤立语有汉语、越南语、老挝语、泰语、高棉语和萨摩亚语等。

　膠着語（こうちゃくご）は、助詞や助動詞を接着剤のように単語にくっつけ、文章を表現する語です。「膠」は接着剤として使われるニカワのことです。助詞は「が」、「は」、「を」などです。膠着語には、日本語、韓国語、モンゴル語、トルコ語、フィンランド語、ハンガリー語、タミル語、ウイグル語、ウズベク語などがあります。

　　　黏着语是像用黏合剂一样将助词和助动词附加到单词上来表达句子内容的一种语言。"黏"指如同黏胶一样。日语助词有"が ga""は wa""を o"等。黏着语有日语、韩语、蒙古语、土耳其语、芬兰语、匈牙利语、泰米尔语、维吾尔语、乌兹别克语等。

　屈折語（くっせつご）は、単語の形を変化させて文章を表現する語です。英語が代表例です。屈折語には、英語、ラテン語、ギリシャ語、ロシア語、ドイツ語、アラビア語などがあります。

　　　屈折语通过改变词形来表达句子内容。英语是屈折语的典型代表。屈折语有英语、拉丁语、希腊语、俄语、德语和阿拉伯语等。

(2) 序論に書かれている内容

　Q：この論文の型はどのような論文型なのかを考えましょう。
　A：対照・比較研究＋理論型（前節参照）のような論文だと思います。
　対照研究の方法論について言えば、二つ挙げられると思います。
　一つ目は、個別の形式での対照研究方法です。つまり、日本語の一形式と中国語の一形式を比較します。例えば、日本語の「気」と中国語の「気」についての比較研究です。
　二つ目は、カテゴリカル（範疇）な対照研究の方法です。意味表出の体系に立ってカテゴリカルに進めます。日本語も中国語もそれぞれ意味表出の体系を持っており、その体系がカテゴリーに分けられ、様々な形式が条件付きで、そのカテゴリーに加わりながら相補関係という内部構造を作っているのです。
　研究とは、まだ分かっていないことに対して、何かしらの答えを見出すプロセスです。この論文の序論は次のとおりです。

研究背景………………………	国や人種問わずさまざまな場面で敬語が用いられている
問題意識………………………	中国語を母国とする日本語学習者にとっての敬語の難しさ
研究目的………………………	両言語の敬語の使用上の差異、学習者にとっての敬語の把握
研究方法………………………	定義、分類、表現形式、用例の視点から対照しながら検討する

　『日本語教育に見られる中日敬語の特徴』というモデル論文の「序論」を読み、上表のポイントに沿って考えましょう。

(3) 「本論」に書かれている内容

　まず、本論における、いくつかの章や節のアウトラインを抜き出してみましょう。

```
　　　　　　　　本論におけるアウトライン
2．敬語とは何か
3．敬語の分類
　　3.1　日本語における敬語の分類
　　3.2　中国語における敬語の分類
4．用例に見られる中日両言語の敬語の特徴
5．結果のまとめ
```

「2．敬語とは何か」と「3．敬語の分類」については、先行研究からまとめてきたもので、読み取る際は注意しましょう。

定義、分類、引用方法について述べられる場合、次のような文型や語句が使われています。

① 敬語の定義に関しては……。

② 学者（0000：00）によると、……とされている。（出典の記入、引用ルールを守っている）

③ 敬語の分類について……。

④ ……は基本的に〇種類に分けられる。（この論文の表1を参照）

⑤ この分類について……に分け、……したことである。（この論文の表2を参照）

これらの章では、いくつかの先行研究をまとめていますが、その際には引用ルールを守っています。皆さんも、必ず身につけましょう。

ちなみに、なぜ先行研究を読まなければならないのでしょうか。

先行研究って何？（第2章2.1参照）

先行研究とは、その言葉通り「先」に「行」われた「研究」を調査することです。調査する理由は自分の行おうとする研究が、その分野の中において、どの位置にあるのかを知り、それを把握することが目的になります。なぜなら、何かを行うことに対して、先に行われた研究の情報を知ることは仕事上とても大切なことだからです。

　　顾名思义，所谓先行研究，指我们要调查"之前"所"得出"的"研究"成果。调查的目的是了解自己要进行的研究课题，并把握该研究在其领域中所处的学术地位。这是因为，在做某事之前，了解和把握早期的研究信息是及其重要的。

先行研究レビュー：
① 目指す方向性とタイムリミット（期限）を決める
② CNKI・Google Scholar 等で検索
③ 検索でヒットした論文をスクリーニングする
④ アブストラクト（抄録＝要旨）をチェックする
⑤ 論文の中身に目を通す……第一段階：仮説研究の問題＝問題提起
⑥ 論文の中身に目を通す……第二段階：着想、意義、論旨
⑦ 論文の中身に目を通す……第三段階：方法＝やり方
⑧ 論文の中身に目を通す……第四段階：結果＝まとめ
⑨ 論文の中身に目を通す……第五段階：考察
⑩ 振り返り／リフレクション＝考え方・行動などを客観的に振り返る

良い先行研究レビューの場合、当該研究のテーマに関連する主な研究を網羅し、それらを通して何が分かっているのかいないのかを示すだけでなく、そこから敷衍して今後どのような研究が必要とされるのかを炙り出します。これがそのまま、私たちの研究における仮説やリサーチクエスチョンになっていくわけです。膨大な「先行研究」の中から、自分が取り組みたいテーマに関連性が強いものを選び出して読み解き、まとめていくことになります。
　　因此，一篇好的文献综述不仅要涵盖与题目相关的主要研究成果，并通过先行研究明确已知和未知的内容，而且还要从中拓展出自己的研究想法，以及未来需要开展什么样的研究。这将直接成为我们研究的假设或问题。我们必须从海量的先行研究中，挑选出与自己的研究主题密切相关的研究论文进行阅读与总结。
　以上は、あくまで「情報」として先行文献をチェックし、効率的に私たちの研究の先行研究レビューを充実させるためのやり方です。今後は、読んだ論文をリスト化し、それぞれの概要をまとめるように頑張りましょう。
　「4．用例に見られる中日敬語の特徴」について読んでいきましょう。
　用例としては、中日両言語ともに電話での会話を取り上げてみました。この論文の第4章の会話例を参照しましょう。そして、皆さんがビジネス日本語を勉強した時の会話用例を抜き出し、中日両言語における敬語の異同について対照してみましょう。では、会話「電話の取り次ぎ」を挙げてみます。

会話『電話の取り次ぎ』日本語版
金洋：はい、東洋商事でございます。
鈴木：三井物産の鈴木と申しますが、お昼時に申し訳ございません。
金洋：いいえ、いつもお世話になっております。
鈴木：恐れ入りますが、野村さん、お願いしたいですが。
金洋：はい、かしこまりました。少々お待ちください。
　　　（しばらくして）
金洋：お待たせしました。大変申し訳ありませんが、野村は本日から出張して、来週の月曜日出社予定になっております。
鈴木：えっ、そうですか。困りましたね。本日中に連絡いただきたいことがあるのですが。
金洋：定期的に連絡が入ることになっておりますので、その時お伝えできますが…。
鈴木：そうですか、それではお願いします。午後3時ぐらいまではオフィスにおりますので。
金洋：かしこまりました。念のために、お電話番号をお願いできますでしょうか。
鈴木：はい、よろしいですか。3323の5516です。
金洋：繰り返させていただきます。
　　　3323の5516で、三井物産の鈴木さんでいらっしゃいますね。
鈴木：はい、そうです。
金洋：確かに野村に申し伝えます。私は金洋と申します。

鈴木：金洋さんですね。よろしくお願いいたします。

金洋：かしこまりました。

鈴木：では、失礼いたします。

会话 《转接电话》 汉语版

金洋：您好！这里是东洋商事。

铃木：我是三井物产的铃木，中午多有打扰。

金洋：哪里的话！一直以来承蒙关照。

铃木：不好意思，请让野村先生接电话。

金洋：好的，请稍候。

（过了一会）

金洋：让您久等了。非常抱歉，野村今天出差了，估计下周一回公司上班。

铃木：啊，这样啊，那就麻烦了。今天一定要和他联系上。

金洋：不过，他定期会打电话回公司，到时再转告他。

铃木：那就拜托您了。请转告他，我会在办公室等到下午3点左右。

金洋：知晓啦。麻烦您请告知一下电话号码。

铃木：好的，3323-5516。

金洋：我重复一下啊。电话号码3323-5516，是三井物产的铃木先生。

铃木：是的。

金洋：我一定转告野村。我叫金洋。

铃木：是金洋先生啊，那就拜托了。

金洋，好的，明白。

铃木，那么，再见。

出典：严红君・张国娟主编（2016:207-208）『標準商務日語礼儀』（第二版）北京．外语教学与研究出版社

　　この会話例文を読み、中日対照比較の観点から、両言語の敬語を抜き出し、下表に示す通り、自分が納得できるものを入れてみましょう。

語種	尊敬語	謙譲語	丁寧語
中国語の敬語			
日本語の敬語			

「5．結果のまとめ」についてです。

　　この論文の筆者は両言語において敬語の場面や種類によってまとめています。論文の表3を抜き出してもう一回読んでみましょう。

表3: 中日両国語における敬語の使用状況

言語表現の場面	尊敬語		謙譲語		丁寧語	雅　語		
						感謝	詫び	あいさつ
	日	中	日	中	日	中	中	中
電話への応対の言葉遣い	○	○	○	×	○	○	○	○

注：表3では「日」は日本語の敬語、「中」は中国語の敬語の略。「○」はよく用い、「×」は用いないことを示す。

筆者の考え：表3を概観してみると、電話での応対場面で尊敬語が用いられるという点では両言語は共通しているであろう。他方、謙譲語の使用状況は両言語では完全に異なっている。日本語の場合は謙譲語が尊敬語と同様に用いられるが、中国語では電話をする場合に謙譲語があまり使用されていないことがうかがえる。

では、皆さんは、ここで何がわかったのでしょうか。

(4)「結論」に書かれている内容

「結論」を書く際の具体的な文型や表現について、この論文の「おわりに」を参照してみましょう。

この論文の作者は、箇条書きの形で結論を簡潔にまとめてきました。では、箇条書き（かじょうがき）とはどのような書き方でしょうか。

箇条書きとは、複数の項目を一つ一つに分けて並べる書き方のことです。情報をわかりやすく伝えるための文章テクニックです。箇条書きの特徴を次の表にまとめました。

3つのルール	3つのポイント	3つのメリット	並列を表す文章
並列の文章を並べる	言いまわしを統一する	読者の目に留まりやすい	「～や」のある文章
時系列の文章を並べる	同じ言葉をくり返さない	簡単に要点を伝えられる	「～たり」のある文章
階層構造を意識する	短く簡潔に伝える	文章よりも書きやすい	「、」で区切られた文章

注：https://sakura-gozen.com/bullets/ からの内容を参照した上で筆者が多少加筆。

この論文の「おわりに」では、次のような文型や表現が用いられています。

（前略）そこで、両者の特徴について明らかになった点を以下に列挙する。

①日本語の敬語の場合、発話者が相手や話題の人物に対する敬意を表すために固有の……。

②敬語の種類について、日本語の尊敬語や謙譲語は中国語の敬語と対応……。

③両言語の対比結果から見ると、日本において敬語の使用は、発話者が相手……。

筆者の考え：学習者は相手の国の言葉を使う際、やはり自国の言葉と常に比較対照し、両者の共通点や相違点を探すことである。それらを理解した上で的確に使えば、上達するはずであると筆者は確信し、そうなるように願っている。

(5) スキル訓練

「日本語教育に見られる中日敬語の特徴」というモデル論文の序論、本論、結論において、どのような文型、文章表現、語句が用いられているかを抜き出してみましょう。

序論の部分	(1)
	(2)
	(3)
本論の部分	(1)
	(2)
	(3)
	(4)
	(5)
結論の部分	(1)
	(2)
	(3)

この論文をもう一度詳しく読み返し、以下の問いに答えてみましょう。その場で、お互いにディスカッションしても構いません。

① この論文のアウトラインを抜き出してください。

② この論文の序論を200字で簡潔にまとめてみましょう。

③ この論文の本論はどのように膨らませていますか。

④ この論文の第5章を模倣しながら中日の比較をしてみましょう。

⑤ この論文の結論はどのように書かれていますか。

続けて、スキル訓練をしましょう。

この論文の要旨とキーワードを考えてみましょう。こうしたスキルは極めて重要です。その技術を身につけましょう。

この論文の要旨を日本語と中国語それぞれ300字ぐらいで書いてください。（第4章4.2節を参照）

【日本語要旨】

【中国語要旨】

さらに、このモデル論文をもう一度読み返し、論文のキーワードを両言語で5つ抜き出してみてください。

【日本語キーワード】

【中国語キーワード】

最後のスキル訓練です。参考文献リストはどのように並べたらいいでしょうか。語種によって文献の記入は異なるかもしれません。ここも重要な一環です。そのコツを身につけましょう。

中国語の場合

[1]

[2]

日本語の場合

[1]

[2]

普通ならば、日本語文献の場合はアイウエオ順で並べ、中国語文献の場合は漢字の画数や参考期間の前後によって並べます。国や大学によって参考文献の格式や書式が違うことがあるので、気をつけましょう。

4.2.5 評価と分析

　　该论文是一篇不错的比较不同语种的研究论文，全文结构合理，思路清晰，观点明确，在论证过程中较好地将理论与案例论证结合了起来。该论文既有中日两国敬语分类方面的内容，又有案例对比分析方面的技巧，还有作者的思考等。作者着重从两国敬语的分类、表达形式、使用范围和会话事例四个层面，分析比较了中日两国敬语的差异和特点。差异主要是日语敬语不仅有固定的语言表达形式和语法体系，而且根据说话人和听话人的上下级关系，语言表达形式均有复杂的变化；汉语敬语没有特定的语法要求和体系，以表示敬意的接头词接续名词和动词"请"接续谓语的表达形式较为多见，如感谢语、道歉语和寒暄语等这类优雅礼貌的语言表达形式被广泛使用。

　　（该论文的汉语版《中日两国敬语的特点与异同比较》2012年发表在《海南师范大学学报》社会科学版第25期pp.97-102。学报主编根据文本内容稍有添加和删改）

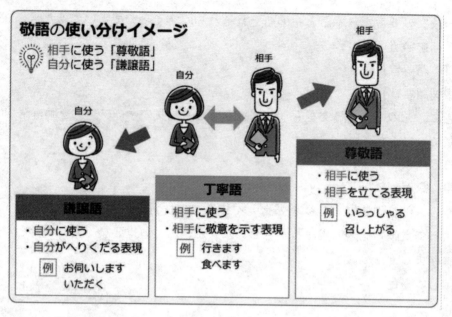

出典：https://cn.bing.com/images/search=view=detailV2&ccid　20230902閲覧

4.3　異文化コミュニケーションのストラテジー

4.3.1　関連知識と概念

(1) 異文化コミュニケーションとは？

　異文化コミュニケーションの定義は、性別をはじめ、年齢や職業、出身地や社会的地位など、自分自身とは違った価値観や環境の方と、言葉のやり取りやボディーランゲージを行うことを示しています。つまり異文化コミュニケーションは、外国人との交流だけにとどまらず、同じ言語をもった日本人同士でも立場が違えば存在するものなのです。

　　所謂跨文化交流，指与性别、年龄、职业、籍贯和社会地位等价值观和环境与自己不同的人进行语言和肢体语言的交流。也就是说，跨文化交流不仅指和外国人交流，也存在于语言相同但地位不同的日本人之间。

　異文化コミュニケーションと聞くと、多くの方が「日本 vs 海外」の構図をイメージし、外国人とのコミュニケーションを思い浮かべるかと思いますが、異文化コミュニケーションとは、外国人とのコミュニケーションに限ったものではありません。もちろん、日本人同士のコミュニケーションにおいても存在するものなのです。

異文化コミュニケーションにおいて、一番大切なのは「客観性を持ち、自分と相手の違いを理解し、尊重する姿勢」です。人は自分とは違う常識や価値観の人とコミュニケーションをとる際に、自分の常識や価値観を押し付けてしまうことがあります。

大切なのはそれを「非常識」と捉えるのではなく「異常識」だと捉えることです。異なる常識を理解し、尊重することではじめて異文化コミュニケーションは成り立ちます。

出典：株式会社国際遠隔教育設計「性別・世代間にも存在する異文化コミュニケーション」

(2) 異文化コミュニケーションの歴史

異文化コミュニケーションが一つの学問分野としてクローズアップされたのは1970年代に入ってからでした。

異文化コミュニケーションの開祖であるホフステード[1]が当時勤務していたIBMの価値観に関する社内調査を実施した際に、問題解決の方法が国によって異なることがわかり、その背景に文化の違いがあることに着目しました。

ホフステードは全人類に共通する普遍的な性質とひとりひとりに固有の性質の間に文化的性質が存在し、それによって思考や行動が変わると主張します。そして、文化に起因する思考や行動の違いが最も顕著に現れる局面を文化的次元と名づけました。

ホフステードは、文化的次元として、次の五つを挙げました。

・権力格差（権力格差をどれだけ容認するか）
・個人主義 vs 集団主義
・男性らしさ vs 女性らしさ（自己主張が強い態度が望ましいか否か）
・不確実性の回避（不確実性の高いものや未知を危険と捉えるか否か）
・長期志向 短期志向

出典：Lightworks BLOG「グローバル人材育成 英語より大事な『異文化コミュニケーション』とは」

(3) 異文化コミュニケーションに含まれるもの

異文化コミュニケーションでは、日常的な文化にも注目しています。朝起きてから夜寝るまで、寝ている間も、私たちは文化のお世話になっています。朝どのような寝具から起き出すのか、洗面はどのような場所で何を使って済ませるのか、誰にどのように朝の挨拶をするのか、朝食は誰とどこで何を食べるのか、どのような衣服を着て出かけるのか、何に乗ってどこまで行くのか、交通規則、乗車マナー、仕事のやり方、叱り方、褒められ方、謝り方、酒の飲み方、遊び方、これら日常的なことがら全てが、

1　ホフステードは、職業や仕事に関して人々が持つ価値観を国の文化と関連づけ、権力の格差、個人主義対集団主義、男性らしさ対女性らしさ、不確実性の回避という四つの「次元」で定義した（一般には「ホフステードの四次元」として知られている）。

霍夫斯泰德教授1928年生于荷兰的哈勒姆。他曾经参过军，又做过多年的工程师。1965年，他加入IBM公司的人事部门。1971年他进入学术界，先后在欧洲多所大学任教，1993年从马斯特里赫特大学退休。霍夫斯泰德将人们对职业和工作的价值观与民族文化联系起来，并从四个"维度"对其进行定义：权力差异、个人主义与集体主义、男性气质与女性气质，以及不确定性规避（通常称为"霍夫斯泰德的四个维度"）。

異文化コミュニケーションにとって大切な手がかりを与えてくれる文化です。
（https://reitaku. repo. nii. ac. jp/ 異文化コミュニケーションと国際理解　20220714 閲覧）

（4）異文化コミュニケーションの研究方法論

　異文化コミュニケーションにおける研究の方法論は極めて多彩だと考えられます。筆者が認識している限りでは、理論研究、実証研究、対照研究に分かれます。ネットでいろいろ調べてみると、次から次へと出てきます。一応異文化を中心に、次のような研究タイトルのようなものを読んでみて、これらを研究方法として参考にしてもいいでしょう。例えば、
　　異文化コミュニケーションと国際理解
　　多様な文化理解と異文化コミュニケーションへの挑戦
　　中日間／日中間の異文化コミュニケーションの理論と実践
　　日本における異文化コミュニケーション研究の歴史と現状
　　日本人大学生における異文化理解の現状、異文化理解による正しいコミュニケーション
　　異文化間コミュニケーション問題およびコミュニケーション・ストラテジーについて
　　日本人と韓国人の異文化コミュニケーション
　　日本人大学生における異文化理解の現状
　　実例から見えてきた異文化コミュニケーションのコツ
　　日本人の異文化受容態度にみられる傾向
　　異文化コミュニケーションの事例と対処法
　　異文化間コミュニケーションの重要性
などが挙げられています。

　ちなみに、ネットを検索してみると、異文化コミュニケーション研究について、およそ 6,970,000 個の結果（20230806）が出てきました。次のスクリーンショットを参照しましょう。

　　[PDF] 異文化間コミュニケーション -日本人学生の中国語誤用の文 ...
　　https://www.lang.nagoya-u.ac.jp/proj/genbunronshu/30-2/...
　　2011-7-4 · 異文化間コミュニケーション 103 異文化間コミュニケーション なたの」のような限定語が省略されるべきである。しかし、中性的な"爸爸"、"妈妈"、"哥哥"、"姐姐"、"弟弟"、...

　　[PDF] 中国における日系企業の異文化経営に関する一考察 −異文化 ...
　　https://toyo.repo.nii.ac.jp/?action=repository_action...
　　中国における日系企業の異文化経営に関する一考察 — 35 — 目次 はじめに 1. 文化的相違と異文化経営 1.1 文化の意味 1.2 日本文化と中国文化の違い 1.3 異文化経営 2. 企業経営における...

4.3.2 モデル論文の全体像

企業内研修にみる文化摩擦

1. はじめに

　日本経済の国際化にともなって、海外に進出した日本の大企業は、世界各地に現地法人を設立した。そして、現地法人が採用した大学新卒社員を一定期間日本の本社に送りこみ、そこで新入社員研修を受けさせる企業が少しずつ増えてきている。現地法人と現地採用の外国人社員の間に、さまざまなトラブルが発生し、日本企業の悩みのタネといわれているのをよく耳にするが、海外の大卒新規採用者を対象とする企業研修（以下、企業研修）という試みには、それらのトラブルを少しでもしておきたいという日本企業の意図が強く感じられる。

　しかし、筆者のみるかぎり、すでにこの企業研修という場において、異文化ギャップがかなり鮮明にあらわれ、トラブルもし問題になっている。つまり、日本の本社で行われるこの研修こそが、日本企業と外国人社員の最初のの場であり、少なくとも、たがいがギャップを認識する最初の場所であるといえるだろう。そして、このを埋めるのは双方にとってそう容易なことではないようである。

　本稿では、ある大手証券会社が実施した企業研修を観察の対象とし、そこにあらわれたコミュニケーションにかかわる問題の事例を報告する。さらに、この事例に分析をほどこし、できるかぎり本質を明らかにすることを目的とする。

2. 分析資料

　筆者は、この大手証券会社の海外新人研修プログラムに6年にわたって加わった。毎回研修終了後、研修を受けた新入社員たちのアンケートを実施し、彼らの反応のを知ることができた。これを本稿の素材として使いたい。

　アンケート調査は1982年度の第1回企業研修時より毎年行われているが、本稿を進めるにあたっては、1984年度および1986年度のものを中心におき、他のアンケートは随時参考にしていく。

　1984年度と1986年度の企業研修は6カ月と4カ月にわたってそれぞれ行われ、研修生は、ロンドン（伦敦）、ニューヨーク（纽约）、ジュネーブ（日内瓦）、チューリッヒ（苏黎世）、シドニー（悉尼）、中国香港、シンガポール（新加坡市）、ソウル（汉城）から合計62名（男性58名、女性4名）が参加した。

3. 研修のコールと研修方法についての認識の想違（ギャップ）

　アンケート結果より、海外研修生と日本企業側の新人研修に対する大きな認識のギャップがあったことがわかる。

「オン・ザ・ジョブトレーニング（On the Job Training, OJT と略）では、講義ではなく実践の場での仕事のノウハウを習得したかった。」（ニューヨーク）

「会社の概要を知るにはよい機会だったが、ロンドンへ帰ってからする仕事に関連した具体的なこと、セールスの仕方などは、研修が十分ではなかった。」（ロンドン）

「講義では、広い意味での経済全般に関する情報を与えてはくれたが、もっと専門的なレベルでの実践研修に時間をさいてほしかった。」（シンガポール）

いうまでもなく企業側は海外新入社員のための研修プログラムには相当配慮をしている。にもかかわらず、海外新入社員の多くがこのような感想をいてしまうのはなぜだろうか。

最初に指摘したいのは、欧米諸国において、企業の新人研修の目的といえば、明日から職場にでて仕事をするためのノウ・ハウを習得することがたる目的だということである。どこの証券会社にいても、一人前のビジネスマンとして通用するノウ・ハウを習得すること、つまり、自分が選んだ証券業界で一人前に仕事ができるかどうか、それが海外新入社員にとって最大の関心事である。こういう意識を基盤にして自分の人生設計[1]をしている欧米のビジネスマンはと勤め先を替え、替えながら自分の地位を向上させていく。一般にそのような価値観の持ち主の集合体が欧米の企業なのである。

これに対し、日本の企業は、実際に仕事ができるビジネスマンを育成する前に、その企業に帰属し、その企業の一員として働く、よりよい「会社員」を育成しようとするのである。そこに人づくり〔人材育成〕の基礎がある。企業の一員として仕事をしようとする意識が高まれば、あとは配属された部署に身を置くことで、仕事のノウ・ハウはおのずと習得できるはずだという認識がある。帰属意識を明確にもち、会社に「溶け込む」努力をすることのほうが、仕事のノウ・ハウを習得するよりもはるかに大切なのである。

また、帰属意識を期待する会社は、団体行動によって会社の一員としての自覚を高めさせようとする。ことあるごとに集団行動を求められることについて、海外新入社員からは、「なぜプライベートな時間までも団体で行動しなければならないのか」、「われわれは子どもではない」といった不満の声が聞かれた。

帰属意識を最優先させる日本企業を「」とすれば、ウイリアム・G・オオウチ[2]のいう「部

---

[1] 人生設計（じんせいせっけい）とは、自分が望む将来を描く人生計画のこと。就職・転職、結婚、出産・子育て、住宅購入、そして老後への備えなどの中から、自分が望むライフイベント（life event、生活上のさまざまな出来事）を盛り込み、時系列に並べていくことで、人生設計を立てることができる。
人生规划是描述自己理想未来的人生计划。 制定人生规划时，可将自己希望的人生大事（人生中的各种事件）按时间顺序排列，如就业、跳槽、结婚、生子、育儿、买房以及晚年生活等。

[2] 威廉・大内（William G.Ouchi）：日裔美籍管理学家，美国斯坦福大学企业管理硕士，芝加哥大学企业管理博士，现为加利福尼亚州立大学洛杉矶分校管理学教授。威廉・大内从 1974 年开始转向研究日本企业管理，经过调查比较日美两国的管理经验，于 1981 年出版了《Z 理论——美国企业界怎样迎接日本的挑战》（Theory Z: How American Business Can Meet the Japanese Challenge）一书。在这本书中，他提出 Z 理论，并最早提出企业文化概念。

分的参入」を前提とする欧米企業は「個人集合体型」と名づけることができるかもしれない。海外新入社員は、たとえ日本企業で働いていても、会社への帰属意識も会社への一体感も持とうとはしないだろう。彼らにとって最優先するものとしてあるのは、ビジネスマンとしての独立した個人である。「個人」と「組織」が意味するものが、日本と欧米では大きく異なるのである。

　実際に、同社の海外新人研修プログラムの内容と構成は、会社のそのような認識を正確に反映するかのようなものであった（図1）。研修は、まず、一連の「一般知識」習得のための講義がつづき、その後に実践研修が組まれていた。

講　義	①日本の歴史や日本経済に占める位置の理解
	②世界経済の中の日本経済
	③日本各企業および株式市場の動向
	④日本の企業訪問
	⑤同社で働く上での心構え
実践研修	

図1: 海外新人研修プログラムの内容と構成

　しかし、実践研修とはいっても、講師を招いての講義を中心としたものが多く、研修生が期待していた専門的なOJT〔在職培訓〕とは、質的に大きな相違があった。また、研修方法も、講師が研修生に向かって一方通行のコミュニケーションで行われ、日本の講義形式自体にとまどいを感じた研修生も多かった。

4. みえざるコミュニケーション

　海外新入社員の日本の研修に対する期待感のズレや認識ギャップをさらに大きくしてしまったものが、日本人独特のコミュニケーション・スタイルである。アンケートの中には、コミュニケーションの欠落をなげく声が多く聞かれた。

　「何かいいたいことがあれば率直にいってほしい。三週間も後になっているくらいなら、なぜその場でいってくれないのか。」（ロンドン）

　「実践の場にいっても、みな忙しそうにしていてだれも相手にしてくれず、机の前にすわって時間をつぶすしかない。」（中国香港）

　「日本人は説明にしても、自分の意見にしてもはっきりと述べられる人があまりいないと思う。本当にいいたいことはいわずに隠してしまう。日本人を理解するのは時間がかかる。」（シドニー）

　これはコミュニケーションの上で、微妙に思惑が食い違うといったことではなく、もっと直接的にコミュニケーションがしている、あるいは不足しているという指摘である。

　日本企業においては、習慣として無意識的に、あるいはそのほうが効率がいいという意識的な理由から、言葉によるコミュニケーションが著しく節約されている面がある。例えば、実際は、正反対に意見が異なる対立があっても、それが公然たる場所で

議論されることがきわめてまれで、「暗黙のうちに」決定され、処理される。あるいは、新入社員が実際に仕事を覚えていく時、先輩社員は言葉によって何かを指示することがなく、ある行動によってある結果をだしてみせ、それを「暗黙のうちに」後輩たちが学んでくれることを期待する。

しかし、これは何も伝達していないというのではない。表向きに語られなくても問題がいつのまにか処理されているとすれば、また日本人の新入社員が暗黙のうちに先輩社員から仕事の仕方を学んで身につけていくとすれば、そこにはコミュニケーションがないのではなく、コミュニケーションの仕方が異文化の中で育った人たちにとってはきわめてみえにくいということであろう。

エドワード・T・ホール[1]は、このようなノンヴァーバル（非言語）・コミュニケーションがたやすく成立する社会を「コンテクスト（context）度の高い文化」と規定した。社会全体に濃密な「つながり」が張りめぐらされ、人々は無言の「つながり」によりかかって生きている。それが「コンテクスト度の高い」文化であり、社会である。

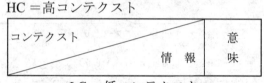

図2: コンテクストと情報の関係
（原図を基に筆者が若干加筆）

そして、エドワード・T・ホールがモデルとして提示した図2に見るように、コンテクスト度が高くなればなるほど表立って交わされる情報は少なくてすむ。つまり、言葉に頼らない、インプリシットな（implicit）コミュニケーションが横行する会社になる。逆に人間が基本的に孤立している社会、「つながり」のない社会では、それが健全に維持されるためには、多量の情報が必要とされ、言葉によるエクスプリシットな（explicit）コミュニケーションが盛んに行われる。若い多民族国家であるアメリカは、コンテクスト度の低い社会の典型的な例であり、コンテクスト度のもっとも高い文化の代表としては日本があげられている。もちろん、両者のこの相違自体は、やを示しているわけではない。文化によってコミュニケーション方法がまったく異なるのである。

「株式会社」という西欧の近代資本主義社会が生んだ組織において、空気のようなものが伝達手段になっているというきわめて特異な姿を日本企業に確認できるのであ

---

[1] 爱德华·霍尔（Edward T.Hall, 1914—2009）：美国人类学家，跨文化传播交际学奠基人。著有《无声的语言》《隐藏的维度》《超越文化》《生命之舞：时间的另一个维度》《空间关系学研究手册》等书。《超越文化》是跨文化传播学领域的奠基之作。作者在书中对各国文化的特点进行了总结和比较，并提出了大量影响深远的理论，包括高语境和低语境理论，单向时间习惯和多向时间习惯等，对这个学科的创立和发展影响巨大。这本书中的理论和研究方法被包括中国学者在内的各国学者大量引用和借鉴，对于中国跨文化传播学科的发展和完善意义重大。

る。無言のうちに作りだされているこの「空気」から何かを受けとり、それに対応するということは、海外新入社員にとってはやはり非常に困難なことであろう。言葉によるコミュニケーションの欠落は、コミュニケーションの最大の手段である言葉がはじめから奪われているという点で、会社と海外新入社員のあいだの相互理解にとって厚い障害になっているといわざるを得ないのである。

5. 効果的なコミュニケーションをめざして

　異文化間のコミュニケーション・ギャップは、異なった文化の中で生まれ育った人間同士のあいだでは、ほとんどが必然的に生じるものである。相手に対する批判や非難をしていたのではギャップは広がるしかない。異文化間コミュニケーションが建設的かつ有効に行われるためには、まず異なった文化があり、そのなかで育った人間がいるという「文化的差異（ギャップ）」の存在を認め、そこからスタートすることが必要であろう。同一文化内では、非常に効果的であると思われる研修方法も、文化的コンテクストが違う他の文化の人にはまったく通用せず、かえって誤解を招く原因となり逆効果になりかねない。時間をかけてギャップの諸相をみきわめ、自国の文化的価値観にとらわれず、相手の文化コンテクストを考慮に入れた上で、できるだけ全体にものごとをとらえることがまず必要になる。

　筆者は、日本の会社が行っている研修プログラムすべてを外国人社員のために、変える必要はないと思っている。日本の文化の中で日本人に効果的とされ、よく機能している研修プログラムがどんなものであるのかを彼らが知るのは、大切なことであり、その違いを知ることによって、よりよく日本企業というものを理解できると思うからである。大切なのは、会社の帰属意識を高めるという、日本人にとっては当然と思われる研修方法も、実は、日本の文化が生みだした日本人に特有の研修方法であるということを認識することである。この認識さえあれば、会社側は、日本の研修の目的が「人づくり」であり帰属意識を高めるためのものであることを、事前にはっきりと海外研修社員に示すことができる。そうすることで、研修の時期の段階で海外研修社員の研修に対する認識のズレをただすことができるであろう。

6. おわりに

　本稿では、日本企業が行った海外新入社員に対する企業研修を対象にし、日本企業と海外新入社員のあいだに生じた異文化間のコミュニケーションギャップを観察し、それについて分析をほどこした。

　アンケートの事例分析より、日本企業と海外新入社員のあいだに存在する研修に対する認識ギャップの有り様を把握する糸口をみいだすことができた。まずはじめに、帰属意識を期待する日本の会社と、独立した個人であることを最優先させる海外新入社員とのあいだに、研修に対する目的、期待感についての大きな認識ギャップがあることが確認された。また、コミュニケーション・スタイルの違いからくる両者の対立

もみられた。これは、非言語（ノンヴァーバル）コミュニケーションが社会の中で占める位置と機能の違いが両者の誤解をさらに大きくする結果になった。さらには、これらの問題をふまえ、海外新人研修のありかたと考え方について提言を行った。

今後、多国籍企業で働くビジネスマンはますます増えていくことだろう。彼らが、文化の違いを乗り越えてさらに大きな企業戦力として効果的に働くためには、ビジネスの実践研修だけではなく、異文化認識を高め、その文化に特有なコミュニケーション・スタイルや文化的価値観を理解し、異文化間コミュニケーション能力を開発していくための研修（クロスカルチャー・トレーニング）を積極的に取り入れることがますます必要になってくるだろう。そしてこの研修は、外国人社員だけではなく、日本人社員も含めた両者を対象にした研修でなければならない。

その一方で、日本企業は、「言葉なきコミュニケーション」の場にいつまでも安易にとどまっていてはならないという自覚が必要であろう。それは日本国内の同一文化の中では通じるとしても、外国人に対しては、みずから、コミュニケーションの回路を閉ざすことになりかねない。少なくとも、言葉によってみずからの文化を「外部」の存在である相手にわからせようとする最低限の努力が必要だろう。それは同時に、日本人がより主体的に、より正確にみずからの文化を把握することにもなるからである。

参考文献

［1］荒木品子「外国人企業研修生の日本体験」『異文化間教育』アカデミア出版会、1989

［2］ウイリアム・G・オオウチ／徳山二郎（訳）「セオリーZ」CBSソニー出版、1982

［3］エドワード・T・ホール／国弘正雄（訳）「摩擦を乗り切る」文藝春秋、1987

［4］ディーン・C・バーンランド／西山千（訳）「日本人の表現構造」サイマル出版会、1979

［5］Dean, C. B., Communication Style of Japanese and American, Wadsworth Publishing Company, 1989

［6］Hlall, E. T., Beyond Culture, Anchor Book, 1977、岩田廣治・谷泰（訳）「文化を超えて」TBSブリタニカ、1979

出典：『大学・大学院留学生の日本語（3）　論文読解編』（改訂版）pp103〜135

4.3.3 語句と文型の解釈

(1) 語句

1. 悩みのタネ〔なやみの種〕◎+① 苦恼的根源
2. 耳にする〔みみにする〕②+② 经常听到
3. 異文化ギャップ〔いぶんかぎゃっぷ〕⑤ 文化鸿沟；文化差异
4. 溝を埋め〔みぞをうめ〕◎+◎ 消除隔阂
5. 分析を施す〔ぶんせきをほどこす〕◎+③ 做分析
6. 研修プログラム〔けんしゅうぷろぐらむ〕⑦ 研修方案/项目
7. 加わる〔くわわる〕④ 参加　例文：計画立案（けいかくりつあん）に加わる。
8. 一端を知る〔いったんをしる〕◎+② 知道一部分
9. ノウ・ハウを習得する〔のうはうをしゅうとくする〕①+⑥ 学会方法
10. 時間をさく◎+① 腾出时间
11. 自ずと〔おのずと〕◎ 自然地
12. 主たる目的〔しゅたるもくてき〕①+◎ 主要目的
13. 転々〔てんてん〕◎ 不停移动
14. 人づくり〔ひとづくり〕③ 培养人；教育人
15. 感想を抱く〔かんそうをいだく〕◎+② 怀抱感想
16. みえざる③ 看不见的
17. ズレ② 不一致　例文：計画にズレが生じた。文化的ズレ。
18. 欠落を嘆く〔けつらくをなげく〕◎+② 哀叹欠缺
19. 思惑が食い違う〔おもわくがくいちがう〕◎+④ 想法/意见/看法/议论/评价不一致
20. 必然的に〔ひつぜんてきに〕◎ 必然地
21. 極めて希で〔きわめてまれで〕②+◎ 极其罕见
22. 見極める〔みきわめる〕④ 看透
23. 張り巡らす〔はりめぐらす〕⑤ 围上
24. コンテキスト／コンテクスト③ 上下文；语境；文脉
25. インプリシット④＝言わず語らず◎ 暗示的
26. エクスプリシット⑤ 率直な　明示的
27. ただす② 改正　例文：行いをただす。誤〔あやま〕りをただす。
28. 糸口を見出す〔いとぐちをみいだす〕②+③ 找到线索
29. 有り様〔ありよう〕◎ 情况；状況
30. 有り方〔ありかた〕③ 应有的状态
31. クロスカルチャー④ 跨文化；不同的文化
32. 言葉無き〔ことばなき〕④ 不用语言；无语言
33. 自ら〔みずから〕① 自己

(2) 文型

1. N＋こそ

［意味］ 唯有……才……；正因为……（表示强调）

プラスの意味で使われる。マイナスの意味を強調する使い方はしない。

［接続］ N＋こそ；V基本型＋ことこそ；V・A普通形＋からこそ

［JLPT レベル］ N4

例：**健康こそ**が、私の一番の財産だ。
　　健康是我最大的财富。

例：暗記ではなく、考える力を身につける**ことこそ**学校や塾で学ぶ価値がある。
　　学会思考，而不是死记硬背，才是学校或补习班学习的价值所在。

例：**忙しいからこそ**、家族との時間を大切にしたい。
　　正因为我很忙，所以想珍惜和家人在一起的时间。

2. ～ざるを得ない

［意味］不得不……（～しなければならない／どうしても～する必要がある）

そのことはしたくないが、避けられない状況でどうしてもする必要があることを表す。

［接続］Vナイ形＋ざるを得ない

※「する」、「来る」は例外で「せざるを得ない」「来ざるを得ない」となる。

［JLPT レベル］N2

例：台風が迫っているので、コンサートを中止に**せざるを得ない**。
　　由于台风逼近，我们的演唱会不得不取消。

例：彼は性格はとても悪いが、仕事はよくでき、お客様からの評価も高いので、その実力を**認めざるを得ない**。
　　他性格虽然不好，工作却很出色，客户评价也很高，所以不得不认可他的能力。

3. ～かどうか

［意味］是否……（间接疑问句）

文の中に疑問詞を使わずに疑問文を埋め込んで使う表現。

［接続］V基本型／イA普通形／ナA普通形／N普通形＋かどうか

［JLPT レベル］N4

例：納豆は食べたことがないので、美味しい**かどうか**わかりません。
　　因为没吃过纳豆，所以不清楚好不好吃。

例：本当に宇宙人がいる**かどうか**、誰にもわかりません。
　　没有人真正知道是否有外星人。

4. ～にもかかわらず／にも関わらず

［意味］尽管……还／也……（～のに）

予想と違ったことに対する話し手の驚き、不満、非難などの気持ちを表す。

[接続] 普通形＋にも関わらず

[JLPT レベル] N2

例：イベントは雨**にも関わらず**、多くの人が集まった。

尽管下着雨，活动现场还是聚集了很多人。

例：大型の台風が近づいてきている**にも関わらず**、会社は休みにならなかった。

尽管强台风就要来临，该公司还是没有放假。

5．～かねない

[意味] 很有可能会……；难说不……（……しないとはいえない。……しそうだ）

[接続] Vます形去掉ます＋かねない

[JLPT レベル] N2

例：最近のマスコミの過剰な報道は、無関係な人を**傷つけかねない**。

如今，媒体过多的报道很有可能会殃及无关人员。

例：私は忘れっぽいほうなので、こんな所に傘を置いておくと、帰りにまた**忘れかねない**。

我这个人健忘，如果把伞放这儿的话，回去时没准就给忘了。

4.3.4　指導法とスキル訓練

(1) 専門用語の解読と学習

① **文化摩擦〔culture conflict〕**とは、異なる文化が接触すると、人々はそれぞれ自分の文化の規準で相手を推し測るため、互いに誤解や摩擦を生むことが多く、そのような摩擦や葛藤を文化摩擦と言います。国際間における貿易摩擦においても、このような文化摩擦が関連していることが多いです。（kotobank.jp/word/文化摩擦より）

文化摩擦（或文化冲突）指当不同的文化相互接触时，人们往往倾向于用自己的文化标准来评判对方，因而产生误解和冲突。国际贸易摩擦往往与文化摩擦相关。

② **ノンバーバル・コミュニケーション**とは「非言語コミュニケーション」とも呼ばれる、言葉以外のコミュニケーションのことを言います。ノンバーバル・コミュニケーションは、言葉以外の意思疎通なので、「仕草」、「表情」、「声のトーン」などから話し手の感情や伝えたいことを読み取ります。（https://jobrouting.jp/ より）

"非语言交流"又称"非语言沟通"，指语言文字以外的交流与沟通。由于非语言交流是文字以外相互之间的思想沟通与交流，因此涉及从"手势""表情"和"语调"中领会和理解说话人的情感及想要传达的东西。

③ **コンテクスト**とは、「ハイコンテクスト文化、ローコンテクスト文化」という

表現で、「文化の共有性」を表します。「ハイコンテクスト」とは、「コンテクスト」の共有性が高く、言葉による説明よりも「察しあうこと」を得意とする文化のことです。「ローコンテクスト」とは、すべて言葉で説明するような文化のことを言います。

（https://kotobank.jp/word/ より）

"语境"在"高语境文化和低语境文化"的表述中表示"文化的共享性"。"高语境文化"指其"语境"共享性很高，这种文化更善于"相互感知"而非口头解释。"低语境文化"则指一切都需要用语言来解释。

④ コミュニケーションギャップ（Communications Gap）とは、価値観や世代、理解度の違いなど、さまざまな要因によって情報が正しく伝わらない状態を指します。一例として、ある人物が庭師と交わした会話を見てみましょう。

「この木、切っておいて」「この木ですね、承知しました」

依頼者が帰宅すると、その木は切り倒されて切り株になっていました。しかし、依頼者が望んでいたのは「木をきれいに剪定しておいてほしい」のであって、「切り倒してほしい」わけではなかったのです。

この例のように、本来伝えたかった指示と実際に伝わった指示との間に大きな差が生じるケースは、職場においても想定されます。コミュニケーションがうまくいかないと、お互いにとってストレスの原因になりやすいだけでなく、重大なミスを引き起こすおそれもあるのです。（出典：コミュニケーションギャップとは情報が正しく伝わらない状態より）

交流分歧／鸿沟（Communications Gap）指由于价值观、辈分、理解程度不同等各种因素，信息无法正确传达的一种状态。举个例子，让我们来看看某人与园丁的对话。

"把这棵树，砍好了。"

"是这棵树吧？知道了。"

当委托人回家时，看到那棵树已被砍倒，变成了树桩。然而，委托人的意思是"希望把那棵树修剪漂亮"，而不是"把它砍倒"。

如上所示，本来想传达的内容和实际听话人所理解的内容之间产生了很大的差异，在职场估计也会有这种情况吧。如果沟通不顺畅，对彼此来说不仅仅是容易造成压力那么简单，而且还有可能引起重大失误。

⑤ ノウ・ハウの意味は、「ものごとにおける方法や手順、順番やコツなどの知識」です。つまり、ものごとや動作において、「何をどうする」という一連の知識を総称して「ノウ・ハウ」と呼んでいます。語源となるのは英語の「know-how」です。周知の通り「know＝知る」、「how＝方法」という二つの単語が組み合わさった言葉となります。「ノウ・ハウ」は「作業におけるノウ・ハウ」「スポーツのノウ・ハウ」「作り方のノウ・ハウ」など、ほぼどのような分野やエリアでも使える便利な言葉であると言えるでしょう。

"诀窍"的意思是"关于做事的方法、步骤、顺序和技巧等方面的知识"。也就是说，在事情和行动中"做什么、怎么做"的一系列知识统称为"诀窍"。"诀窍"一词

源于英语单词 know-how。众所周知，它由 know（知道）和 how（怎样）两个单词组合而成。know-how 一词几乎适用于任何领域，如"工作诀窍""运动诀窍""制作诀窍"等。

⑥ **帰属意識**とは、「特定の集団に所属しているという意識」のことです。家族やコミュニティ、企業、国籍など、幅広い範囲を指します。企業への帰属意識は、「企業の一員として所属している」意識ということになります。企業への帰属意識が高いということは、企業への愛着があり、「がんばって貢献したい」という意識が自然と芽生えている状態だと言えます。また、企業そのものだけでなく、供給する商品やサービス、自分が所属する部署への帰属意識も存在します。企業への帰属意識の持ち方は社員ごとに異なります。帰属意識が高い社員がいれば、帰属意識が低い社員もいるのです。

归属感指"属于某一特定群体的感觉"，其涉及范围很广，包括家庭、社区、企业、国籍等。对企业的归属感，就是"作为企业一员"的意识。对企业的归属感强，意味着对企业依恋，自然而然会萌生"想要努力贡献"的意识。员工不仅对企业本身有归属感，而且对企业提供的产品和服务，以及所属部门也有归属感。员工对企业的归属感因人而异，有些员工归属感很强，有些员工归属感则很弱。

⑦ **クロスカルチャー**という言葉には、相互文化、比較文化、交差した異文化という意味があります。要するに、異なるところと同じところ、両方を含めて文化と文化が交差するという意味をもっています。そして、**クロスカルチャーマネジメント**では、お互いの文化の異なるところと同じところを認識するところからスタートとなります。

"跨文化"一词的意思是文化相互作用、相互比较或跨越不同文化。总之，文化之间相互交叉，有不同的地方和相同的地方。在跨文化管理中，首先要认识到彼此文化的异同。

⑧ **クロスカルチャートレーニング**は、外国人社員向けのクロスカルチャー研修のことです。どの国の人も「自分の常識は世界の常識」と考えて行動しますが、相手の国の文化や考え方を理解し、自国の特徴も理解した上で、コミュニケーションを取ることです。お互いの文化の異なるところや同じところを意識するところからスタートします。

跨文化培训指针对外籍员工的跨文化培训。每个国家的人都会认为"自己的常识就是世界的常识"，但在相互交流之前，了解对方国家的文化和思维方式以及本国的特点是很重要的。要认识到每种文化都有相同和不同之处。

⑨ **ハイコンテクスト文化**とは、「空気を読む文化」と言い換えることができます。前提となるお互いの文脈（言語や価値観、考え方など）が非常に近い状態のことで、コミュニケーションの際に互いに相手の意図を察し合うことで、「以心伝心」でなんとなく通じてしまう環境や状況のことです。（https://blogs.itmedia.co.jp/itsolutionjuku/2020/07/post_821.html より）

逆に、**ローコンテクスト文化**とは、コミュニケーションがほぼ言語を通じて行われ、文法も明快かつ曖昧さがない文化を指します。
　高语境文化也可以叫作"心领神会文化"。由于双方的语境（语言、价值观、想法等）都非常接近，双方在交流时，均可体会并把握对方的意图，通过"心心相印"之感，在任何环境和状况中都能够不知不觉地相互理解。
　相反，低语境文化则几乎全靠语言进行交流，语法要清晰准确，不能有含糊不清的言辞。
　ハイコンテクスト文化とローコンテクスト文化においては、国によって差があるようです。
　下の図を見れば、一目瞭然です。

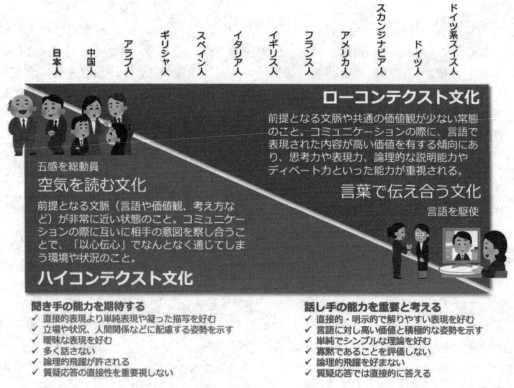

図：ハイコンテクスト文化とローコンテクスト文化の国別比較
（出典：https://blogs.itmedia.co.jp/itsolutionjuku/5825bff287491dcabde37051932aed4b302a32b1.png）

(2) 序論に書かれている内容

　Q：この論文の型はどのような論文型なのかを考えましょう。
　A：調査型のような論文だと思います。
　調査型論文では、調査者は、調査票やアンケートを、一定量集めなければなりませんが、これは事実に基づく説得力ある論文を作成させる材料です。すなわち、調査型とは調査のデータを集め、集計と分析、考察とまとめで研究課題についてどのように

考えたのかが書かれている論文です。

さて、「序論」では、何が書かれているのでしょうか。

研究主題	何の研究をするか、どのような課題があるか
研究背景＆動機	課題に対する先行研究の流れを大筋で簡潔に示す
研究の必要性	問題解決には何が必要か
先行研究の成果と問題点	今日までどのような研究がされてきたか
研究目的	ここでは何を目的とするか
研究方法	どのような手段で行ったか
論文全体の構成	論文はどのように進められるか

「序論」を書く際に、よく用いられる文型、表現、語句を身につけましょう。

① 近年／最近、……が注目されている／注目を集めている。……が問題になっている。

② ……が重要な課題となっている。問題は何かということである。

③ ……することは……上で必要である。……が不可欠である。

④ 従来の研究では、……がわかっている。……が報告されている。（先行研究結果）
……については不明な点が多い／まだ解明されていない。（問題点）

⑤ 本論文の目的は……である。本稿／本研究は……をしようとするものである。（問題意識）

⑥ 本論文では、……について調べる／検討する／考察する／分析する。
本論文では……の調査／検討／考察／分析／開発を行う。（研究方法）

⑦ 本論文の構成は次の通りである。第2章は……、第3章は……について述べる。（論文構成）

(3) 「本論」に書かれている内容

この論文の作者は何を資料に文化摩擦について分析しましたか。

「**第2章　分析資料**」では何が述べられていますか。調査型論文は、次のような形で進めていきます。

調査時期	いつ調査をしたか
調査対象	誰に何に対する調査を行ったか
調査項目	どのような項目を調査したか
調査手順、使用資料	どのように行ったか
決定や選択理由	時期、対象者、調査項目についてなぜそうしようとしたか

ここでは、具体的に、(1)から⑤のような文型が用いられます。身につけましょう。

① 2023年12月～2024年1月に調査を行った／実施した。

② 新入社員を調査対象とした。新入社員に対して調査を行った。

③ 調査項目は以下のとおりである。

④ まず、～した／行った。次に～。さらに～。

⑤ 〜のは……ためである。

「3. 研修のゴールと研修方法についての認識と相違」の章の内容を考えてみましょう。

① 論がa〜dの順に展開されます。これを読んで読者の私はどのように感じましたか。
・アンケート結果から注目すべき感想を紹介
・なぜこのような感想を持つのか。疑問提示
・欧米企業と日本企業における研修の目的の違いを指摘、検討
・研修生の感想を裏付ける研修の実態を紹介

② 研修に対する認識の違いについて。

	欧米諸国の企業	日本の企業
研修目的	すぐに仕事ができるノウ・ハウの習得	企業への帰属意識を明確にし、企業の一員として働く「会社員」の育成。そのために、団体集団行動を求める。
型	「個人集合体型」	「共同体型」

「4. 見えざるコミュニケーション」の章で述べられた内容を読解してみましょう。

① 論がa〜eの順に展開されます。これを読んで読者の私はどのように感じましたか。
・もうひとつの問題点であるコミュニケーション・スタイルについての指摘
・研修生の感想を紹介
・言葉のないコミュニケーションについての作者の考え
・エドワード・T・ホールの説を引用して違いを説明
・まとめ

② 言葉によるコミュニケーションの不足。
日本企業においては、言葉によるコミュニケーションが節約されている面がある。
理由：習慣として無意識的に
　　　言葉を使わないほうが効率がいい
例：意見が異なっていても、「沈黙のうちに」決定されていく。
　　先輩は新入社員に言葉で指示せず、行動によって結果を見せる。後輩は「沈黙のうちに」仕事を覚えていく。

③ エドワード・T・ホール理論の引用。

コンテクスト度の高い社会	コンテクスト度の低い社会
社会全体に濃密な「つながり」	「つながり」のない社会
言葉に頼らないコミュニケーション 日本	言葉によるコミュニケーション アメリカ

筆者の考え：言葉によるコミュニケーションの欠落は、海外新入社員にとってきわ

めて厚い壁になっている。

「**5. 効果的なコミュニケーションをめざして**」の分析の結果と考察の組み立て方は、「結果1・結果2……」➡考察➡帰結です。

ここで、よく用いられる文型は次のとおりです。

① 図表提示・データ説明：図／表に〜示す。

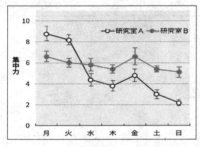

② 結果提示：〜した結果、〜が得られた／確認された。
③ 結果から読み取れること：〜がうかがえる。
④ 考察における結果判断：〜と思われる／考えられる。
⑤ 帰結における文型と表現：〜が明らかに／となった。〜がわかった。
　　　　　　　　　　　　〜が強く示唆された。〜と言える／言えよう。

ちなみに、データ分析において、変数一つ一つの特徴や、変数間の関係性、現状の把握をすることは極めて重要です。分析するデータの種類や内容によって図表にはそれぞれの形があります。まとめられた図表は次の通りです。

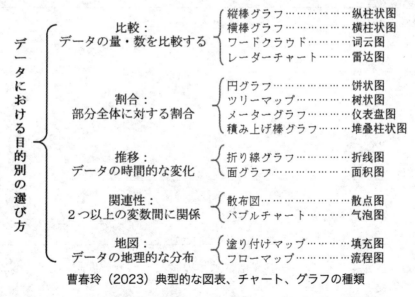

曹春玲（2023）典型的な図表、チャート、グラフの種類

上図に示したように、データの比較、分析と可視化によく使われるのはチャート、グラフなどです。可視化の目的に合ったグラフと適切なツールを選択し、グラフを作る際にポイントを念頭に置きましょう。これらの図表を作るのは普通のエクセルでの操作が可能です。

(4)「結論」に書かれている内容

目的と方法のまとめ	序論で定義した疑問に結論で答えているか
結論の要約	何が明らかになったか
自分評価／研究意義	研究結果の良かった点、悪かった点
今後の課題	これからどう発展させていくか

「結論」を書く際の具体的な文型は次のとおりです。身につけましょう。

① 以上、本稿／本論文では……を試みた／検討した／行った。
　　本論文／本研究では……を通じて／により明らかにした。
② ……から……ことがわかった。その結果……が明らかになった。
　　……した結果、次／以下のような結論を得た。
③ ……が示されたと言える／言えよう。……ことが可能となった／可能である。(プラス面)
　　……については十分とは言えない。……は……ことができていなかった。（マイナス面）
④ ……については……を今後の課題としたい。今後は……する必要がある。

(5) スキル訓練

まず、「企業内研修にみる文化摩擦」における序論、本論、結論について気になる文型、文章表現、語句を抜き出しましょう。

序論の部分	(1)
	(2)
	(3)
本論の部分	(1)
	(2)
	(3)
	(4)
	(5)
結論の部分	(1)
	(2)
	(3)

それから、「企業内研修にみる文化摩擦」の論文をもう一度読み返し、以下の問いを完成してみましょう。

① この論文のアウトラインを抜き出してください。
② この論文の研究目的は何だと思いますか。
③ この論文の研究方法は何だと思いますか。
④ この論文の本論はどのように膨らませているのですか。

⑤ この論文の結論について200字でまとめてください。

続けて、スキルを訓練しましょう。

この論文の要旨とキーワードを考えてみましょう。とても重要なところです。考える技術と書く技術を身につけましょう。

この論文の要旨を日本語と中国語で200字〜400字ぐらいで書いてください。（本テキストの第5章5.1を参照）

【日本語要旨】

【中国語要旨】

この論文のキーワードを両言語で五つ選択してください。（本テキストの第5章5.2を参照）

【日本語キーワード】

【中国語キーワード】

最後のスキル訓練です。

参考文献リスト（第2章2.1.3を参照）をどのように並べたらいいでしょう。語種によって文献の記入は異なるかもしれません。ここも重要な一環です。身につけましょう。

【中国語の場合】

【日本語の場合】

【英語の場合】

4.3.5 評価と分析

这篇以《企业培训中的文化摩擦》（《企業内研修にみる文化摩擦》）为主题的实证研究论文能为解决文化摩擦等方面的问题提供参考和借鉴。该论文通过企业内部培训时的问卷调查材料，分析了欧美员工和日本员工在文化差异的情况下表现出的不同行为和心理活动，同时引用了爱德华·霍尔（Edward T. Hall, 1914—2009）的"高语境文化、低语境文化"理论，然后对"文化摩擦"问题进行深入分析，为今后的培训提出了有效的参考建议。该论文语言平实，通俗易懂，各部分衔接紧密，分析手法得当，在论证过程中能较好地将专业知识与现实问题结合起来，是一篇比较好的范文。

出典：https://cn.bing.com/images/search?view=detailV2&ccid=tNBl%2Bg　20230902閲覧

5　要旨、キーワード、謝辞のテクニック

5.1 要旨のまとめ方

　要旨は論文のまとめです。卒業論文やたいていの学術誌は、要旨に関しても既定の書式があります。よって、ガイドラインやまとめの規程がある場合には、それらをきちんと守ることです。要旨を書くには、論文の同じ内容を繰り返すだけでは読者が興味を失ってしまうので、論文とは異なった単語やフレーズを使いましょう。

5.1.1　要旨の定義と構成

　要旨とは、要約や概要とも呼ばれているとおり、文章を簡潔に集約した内容のことを指します。国語辞典による要旨の意味は「述べられていることの主要な点であり、また、内容のあらまし」です。つまり、卒業論文を簡潔にまとめたものです。論文のすべての内容を読まなくても、ある程度相手に伝えるものになります。中国における大学の場合は、論文の要旨は日本語と中国語の両方で書かなければなりません。
　要旨の構成では、
・研究および課題を選んだ理由は何か。
・どのように研究を行ったか。
・どのような結果が得られたか。
・この研究や結果はなぜ重要か。
となります。
　これらのポイントを読めば、要旨に書く内容がはっきりわかるはずです。したがって、要旨を書く際は、「研究の背景」、「研究の目的」、「研究の方法」、「結果」、「評価」といった構成になっていることが多いです。要旨の分量は卒業論文全体の1％～2％が目安です。要旨の字数は大体、日本語の場合は200～400字くらいで、中国語の場合は200～300字くらいです。字数オーバーしそうであれば、研究目的、研究方法、結論を簡潔に述べるだけにします。

5.1.2　要旨を書くアドバイス

　専門用語の使用は避けましょう。要旨を書く際の具体的な文型は「序論」と「結論」のところを参照してみましょう。場合によっては、動詞の過去形や完了形の「～た」を用いることがあります。そうでない場合は「～た」の多用は避けましょう。
　書式から言えば、大学によって卒論の書式が決まっている場合があります。中には、細かいルールを設けている場合もありますので、自己流の判断で書くことは、かなり

危険なことです。

　まずは、書式に関する決まりがあるかどうかについて確認しておきます。パソコンを使って要旨を作成する人は、フォントについても意識することが大切です。フォントは、読みやすいように日本語なら明朝体に、中国語なら宋体にするようにします。英語の場合はそれぞれの書き方に従うのが最適です。

　ここでは要旨をわかりやすく、読みやすくすることが求められます。読みやすくする方法の場合、内容だけでなく、レイアウト[1]や文字の大きさにも重要な意味があるのです。いくら内容が素晴らしくても、レイアウトや文字の大きさによっては、読みづらくなってしまいます。

　また、提出する前には、必ず読みやすいかどうかをチェックしてみることから始めるようにしましょう。（出典：https://www.reportsell.com/column/2012.html 20230803 閲覧）

5.1.3　実例と演習

要旨の実例Ⅰ-日本語版

> **不思議な川上弘美ワールドへの探索**
> ―長編小説『水声』の雰囲気作りを中心に―
>
> 　1994年にデビューした川上弘美は、今日の日本文壇で重要な位置を占めるようになってきた。読者から、「透明」、「静か」、「冷静」、「文章が美しい」という評価を受けている。先行研究では川上の小説を文体や表記などの面でいろいろ指摘したが、新作『水声』についての研究は十分にされていない。そこで、本論文は長編小説『水声』の雰囲気作りの手法を解明することを目的としている。その問題を解決するために、テキストを対象にしており、内容と文体という二つの面に分け分析を行った。結論では、まず内容の面から、実は『水声』の物語性は乏しく、日常的なスケッチに支えられており、有り触れた生活の場面を読者の前に呈し、共感をもたらしていることが明らかになった。次は文体の面から、漢字表記すべき箇所なのに、平仮名やオノマトペが多用されていた。例えば「ふわふわ」、「ゆらゆら」という雰囲気作りに用いるものである。こうすることで、『水声』では、古風な言い回しや難しい言葉の使用、硬い断定調と連用中止形の多用により、無感情のような冷静で、静かな雰囲気を作品全体に帯びさせているのではないかと筆者は考えた。しかしながら、川上は文体の面でいろいろと工夫をしている。そして、柔らかい文体と硬い文体が完璧に共同作用し、不思議な川上ワールドを生み出したことが分かった。

　注：ここで提示されたものは学生に読みやすいように、修士論文の要旨を短く書き直したもの。第6章6.1参照

---

[1]　レイアウトは中国語で「版面设计」です。印刷紙面に、文字、図版、写真などを配置すること。例えば、紙面をレイアウトする。／设计版面。

要旨の実例Ⅰ-中国語版

探索不可思议的川上弘美世界
——以长篇小说《水声》的氛围营造为中心

　　川上弘美于1994年出道，在当今日本文坛享有一席之地。读者对其作品常有"透明""沉稳""冷静""文笔优美"等评价，虽然此前的研究已经指出了川上弘美的小说在文体和表记方面的特点，但是其新作《水声》尚未得到充分研究。本文将从内容和文体两方面，分析川上弘美的《水声》如何营造独特的氛围。内容方面，该小说主人公的形象比较模糊，小说情节基本看不到环环相扣的因果关系，称不上完整，对日常生活剪影般的描写占了较大篇幅，能引起读者的共鸣。文体方面，作者将本来应该用汉字的地方用平假名来叙述，抹去了汉字象形的意义，使得小说的语言更加柔和，也更加抽象；拟声拟态词的运用增加了小说语言的生动性，创造出一种"透明的""柔软的""轻飘飘的"氛围。然而，小说里的描述用词接近古体语言，生僻词汇，较为生硬的断定句式和连用终止形等给作品带来了一种冷静、沉稳的感觉。这些手法的使用为作品营造出一种不带感情的冷静、沉稳的氛围。

要旨の実例Ⅱ-日本語版

日本語教育に見られる中日敬語の特徴

　中日両国の敬語の使用を、分類、表現形式、使用範囲の面から比較しながら検討し、それぞれ特徴があることがわかった。両国敬語の違いの場合、日本語敬語は固定された言語表現形式や文法体系だけでなく、話し手と聞き手の上下関係によって、言語表現形式は異なり、それらの変化も複雑である。対して、中国語敬語には、特定の文法的要求や体系はなく、主に敬意を表す接頭語に接続名詞や動詞「请／どうぞ」で述語に接続する表現形式が多く、例えば感謝語（谢谢）、謝罪語（抱歉）、あいさつ語（您早）のようなきれいで丁寧な言語表現が広く用いられていると言える。

要旨の実例Ⅱ-中国語版

中日两国敬语的特点与异同比较

　　从敬语的分类、表达形式和使用范围等方面来看，中日两国敬语各有特点。两国敬语的主要差异是日语敬语不仅有固定的语言表达形式和语法体系，而且根据说话人和听话人的上下级关系，语言表达形式均有复杂的变化；而汉语敬语没有特定的语法要求和体系，主要以表示敬意的接头词"请"接续动词（如，请喝茶）等表达形式居多，且如感谢语（如，谢谢）、道歉语（如，抱歉）和寒暄语（如，您早）等优雅、礼貌的语言表达形式被广泛使用。

注：曹春玲（2012：7）海南师范学院学报（人文社会科学版）pp97~102. 中国知網に収録。

　　筆者からのアドバイスです。第三者からのフィードバックを求めましょう。第三者に要旨を読んでもらい、論文の内容がきちんとまとめられているか意見を求めましょう。研究内容をすでに知っている人物ではなく、知識や情報の少ない第三者を選びましょう。要旨から、どのような研究の内容が読み取れるか尋ねます。これにより、重要な点が要旨にわかりやすく記述されているかを判断することができます。

指導教員、同分野の他の研究者、ライティングセンター[1]の指導員などに要旨を読んでもらい、意見を求めましょう。得られる支援は、できるだけ活用しましょう。

第三者に意見を求めると、自身の分野における慣習に気づくことがあります。例えば、科学分野では、「実験は行われた」といった受動態がよく使用されますが、人文学分野では能動態の表現が好まれます。

演習

自分でよく考え、キーワードでネットを検索してみて、自分の卒論に関わるものをせめて一篇ダウンロードしてみましょう。それから、そのダウンロードされた論文を読んでから、その論文の要旨を300字ぐらいでまとめてみましょう。

5.2 キーワードの選び方

5.2.1 キーワードとは

キーワード（keyword）は鍵になる言葉です。日本国語大辞典によると、キーワードは「問題の解決や文章の意味解明の上で重要なかぎとなる語、文章の中で、もっとも重要な意味をもつ語」のことです。つまり「検索するための重要な手がかりとなる見出し語」です。

关键词是具有代表性的关键词语。根据《日本国语大辞典》的解释，关键词是"解决问题或阐明句子含义的关键词语，是在句子中具有最重要意义的词语"。换言之，关键词是"为网络搜索提供重要线索的词条"。

キーワードは、その論文の本質を捉えたものでなければなりません。キーワードを適切に設定すれば、論文がより検索しやすくなり、被引用数も増加します。したがって、検索に引っ掛かりやすく、テーマにもっとも関連があるキーワードを含めることが重要です。

キーワードは、必ずしも「単語」とは限りません。複数の単語の集まりである「文脈」である可能性もあります。文脈が長ければ長いほど、その言葉でヒットしやすくなります。

キーワードが特定のものであればあるほど、「ロングテールキーワード」と言われます。ロングテールキーワードとは、複数のキーワードを組み合わせる形で構成され

---

[1] **ライティングセンター**とは、学生の文章作成を支援する場所で、欧米の大学では1950年代から設置されている。日本では、他に先駆けて早稲田大学ライティングセンターが2004年に開室して以降、主要な大学では津田塾大学、関西大学などでライティング支援施設が設置されてきた。
写作中心是帮助学生写作的地方，欧美大学从20世纪50年代开始设立。在日本，早稻田大学于2004年率先成立了写作中心，随后津田塾大学、关西大学等主要大学也开设了写作中心。

た、検索ボリュームが比較的少ないキーワードのことを指します。3語～4語で構成された複合キーワードであることが多く、検索ボリュームは少なめです。

关键词不一定是一个"词"，也可能是根据"前后文的逻辑性"由几个词组成的词组。上下文的连贯性越强，就越容易对关键词排序。关键词越具体，就越有可能是"长尾关键词"。长尾关键词是搜索量相对较少的关键词，通常是由三四个词组成的复合关键词。

ちなみに、中国語だとより分かりやすいので、以下の文を読んでみましょう。

长尾关键词（long-tail keyword）指网站上的非目标关键词，通常是组合型关键词，但与目标关键词相关的也可以带来搜索流量。长尾关键词的特征是比较长，往往由两三个词组成。长尾关键词搜索量少，并且不稳定。长尾关键词带来的客户，转化为网站产品客户的概率比目标关键词高很多，因为长尾关键词的目的性更强。大中型网站存在大量的长尾关键词，其带来的总流量非常大。例如，目标关键词是服装，其长尾关键词可以是男装、冬装、户外运动装等。

5.2.2　適切なキーワードの選択およびコツ

まず、論文におけるキーワードの重要性について述べます。論文執筆において、文献調査は欠かせない作業です。インターネットで文献検索を行うときは、関連性の高い文献を探り当てなければなりません。キーワードを設定する目的は、ほかの研究者が関連テーマを検索したときに、その検索網に自分の論文が引っかかりやすいようにすることです。キーワードを設定することで、専門分野、関連分野、テーマ、研究課題などを定義づけることができます。多くの検索エンジン、データベース、ジャーナルウェブサイトは、キーワードを使って、その読者向けに論文を掲載するかどうかや、掲載のタイミングを判断しています。キーワードによって論文が検索されやすくなれば、被引用数も増えます。だからこそ、論文のテーマと関連性が高く、検索されやすいキーワードを設定することが大変重要となるのです。

キーワードは、その論文の本質を捉えたものでなければなりません。効果的なキーワードを選ぶためのヒントは、以下のとおりです。

① 読者の視点に立って考えるようにしましょう。
② キーワードは2～5語程度のフレーズが理想です。
③ キーワードには、論文のテーマを示唆する言葉やフレーズを含めます。
④ 読者が使いそうな言葉やフレーズをさまざまな言い方にしてみましょう。
⑤ 省略語や頭文字の正式名称も含めましょう。

それから、論文のキーワードを選択するコツです。キーワードを選ぶときには、次の七つのポイントに注意するようにしましょう。

① ターゲットジャーナルのキーワードガイドに必ず従うこと。
　　务必遵循目标期刊的关键词指南。
② 自分だったらどのようなキーワードで検索するか考えてみること。

考慮一下，如果是我自己，会用什么样的关键词进行检索。
③ キーワードには、2〜5単語で構成されたフレーズも含めること。
关键词也可是2〜5个词组成的短语。
④ 論文タイトルに含まれている単語はキーワードに重複して使用しないこと。
论文标题中的词语不应重复用于关键词。
⑤ 意味が広すぎる単語を設定するのは避けること。
避免使用意义过于宽泛的词语。
⑥ 研究で重点を置いた部分や特徴的な部分が良く表現されたキーワードを選ぶこと。
选择能够较好体现出研究重点或者研究特色的关键词。
⑦ タイトルで使用している単語を言い換える言葉を考えてみること。
试着考虑把标题中使用的词语转换为其他词语。

論文のキーワードは、不特定多数の読者が本当に使用しているキーワードであるかどうかが最も重要です。本当にそのキーワードが該当分野で正しい意味で使用されているのか、必ずテストした上で使用しましょう。したがって、自分の発想だけで決めず、客観的な目で十分に検討するようにしましょう。（https://blog.wordvice.jp/より）

最重要的是，论文中的关键词是否有许多不确定的读者会真正使用。在使用关键词之前，一定要测试其在相关领域的使用是否正确。因此，不要仅凭自己的想法做决定，而要用客观的眼光全面审视。

5.2.3 実例と演習

実例Ⅰ（第6章6.1を参照）

キーワード（日本語版）

川上弘美 ；文学作品『水声』；作品の内容；語彙と文体；雰囲気作り

キーワード（中国語版）

川上弘美；文学作品《水声》；作品内容；词汇与文体；氛围渲染

実例Ⅱ（第4章4.1を参照）

キーワード（日本語版）

バーチャルアイドル；新興職業；知的財産化；ビジネス価値；ホロライブチーム

キーワード（中国語版）

虚拟偶像；新兴职业；IP化；商业价值；Hololive团队

演習

第4章4.2の論文の主題と要旨を詳しく読み返し、日本語と中国語のキーワードをそれぞれ五つずつ考えてみましょう。

キーワード（日本語版）

キーワード（中国語版）

第6章6.2の論文の主題と要旨を詳しく読み返し、日本語と中国語のキーワードをそれぞれ五つずつ考えてみましょう。

キーワード（日本語版）

キーワード（中国語版）

5.3 謝辞のつけ方

5.3.1 謝辞とは

謝辞とは、研究の協力者や指導教員へのお礼の言葉のことです。ゼミ担当の教授は、自分の研究をしながら、その合間に未熟な私たちへの知識の糧となるよう、指導してくださっているのです。忙しい中指導していただいているということを実感し、本来は日頃より感謝するべきなのです。

卒業論文の「謝辞」をつける場所は大学によって違います。筆者の大学では、「謝辞」は最後で締めくくります。

謝辞をつける目的は、論文作成に協力を頂いた方へ感謝の意を述べるということです。謝辞は公的関係を私的関係より先に書きます。最初に指導教員の名前をあげます。ほかの教員にもお世話になった場合には続けて書きます。次に研究を遂行する上で、お世話になった方にお礼を伝え、同級生や家族は最後です。

5.3.2 謝辞の書き方

卒論の謝辞の書き方のポイントその1は、「正しい敬語を使う」ことです。形式的で簡潔なものであるとはいえ、しっかりとした敬語の使い方ができている必要があります。尊敬語、丁寧語、謙譲語を間違えないように使い、謝辞を書きましょう。

その2は、「名前と役職をはっきり書く」ことです。どこの誰に感謝を表しているのかを示すために、学部・学科名、役職（教授、准教授、講師など）、名前（フルネーム）できっちりと書きましょう。もちろん、一字一句間違えないように気をつけましょう。

謝辞にはいくつかの決まった表現があるので、他の論文の書き方を参考にするといいと思います。謝辞の場合は「です・ます体」や敬語を用いるのが普通です。謝辞における字数の決まりはありませんが、あまりに長すぎると読みにくくなります。

5.3.3 実例と演習

文系卒論の謝辞の例文その1は、「本卒業論文を作成するにあたり、終始ご指導い

ただいた桂林洋先生に、厚く感謝を申し上げます」です。シンプルな形の謝辞であれば、文系卒論も理系卒論も同じ例文を使えばいいですが、場合によっては、文系と理系で冒頭部分の書き方が違ってくることがあります。謝辞の例文その2は、「この研究を遂行するにあたり、終始温かいご指導をいただいたウラン教授に深く感謝いたします」です。では、謝辞のサンプルを見てみましょう。

謝辞のサンプルⅠ

> まず、論文指導の教員海口先生に感謝の意を表します。始めから最後まで熱心なご指導を頂きました。また、日本語学科の先生たちにも感謝の意を表します。先生たちのおかげで、私はより正しい日本語を身につけることができました。それから、私の友人たちにも感謝の気持ちを表します。論文を書くときに、いろいろと手伝ってくれました。心からお礼申し上げます。

謝辞のサンプルⅡ

> この研究を卒業論文として形にすることができたのは、担当していただいた桂林洋先生の熱心なご指導や、経済大学をはじめ、各大学の学生たちが貴重な時間を割いてアンケート調査に協力してくださったお陰です。協力していただいた皆様へ心から感謝の気持ちとお礼を申し上げたく、謝辞にかえさせていただきます。

謝辞のサンプルⅢ

> 本論文を作成するにあたり、多くの方々からご指導、ご助言、ご協力を頂きました。指導教官の〇〇〇先生からは、論文作成の全過程にわたり、熱心かつ丁寧なご指導を頂きました。本研究のテーマ選定と内容構成に当たり、〇〇〇先生からはお忙しい中、多大なご協力とご支援を賜り、精神面でも温かく励ましてくださいました。心から深く感謝の意を申しあげます。
>
> 〇〇〇学部の先生方は、いつも温かく貴重なご指導をくださいました。また、本論文の審査に当たって、貴重なご指導を賜りました。先生方に、厚く御礼を申しあげます。
>
> また、△△△大学の先生方から貴重なアドバイスをいただきました。本論に取り上げている作品の選定と資料収集の面からも大きなご好意とご支援を賜り、そのおかげで論文を進めてこられたと思っています。心から感謝いたします。
>
> 最後に、三年間の大学院生活において、楽しい時にも苦しい時にも私と一緒に頑張り続け、私を支え続けてくれた友達にも感謝いたします。

注：筆者郁青が書いた卒論の謝辞。

6 卒業論文の読み取りとスキル演習

6.1 モデル論文 I

不思議な川上弘美ワールドへの探索
―長編小説『水声』の雰囲気作りを中心に―

1. はじめに

1.1 研究背景

　川上弘美は1994年にデビュー作「神様」を発表し、1996年に第115回芥川賞、2001年に谷崎潤一郎賞、2007年に芸術選奨文部科学大臣賞などを受賞した日本で最も人気のある女性作家の一人である。作品のおりなす世界観は「空気感」と呼ばれ、内田百閒の影響を受けたと言われる独特のものである。

　最新長編小説『水声』[1]は、2013年1月から2014年4月まで『文学界』に計14回連載され、同年9月に単行本として刊行された。

　『水声』は時間順で綴らず、ジグソーパズルのように、少しずつ少しずつ補充し、最後に一つの絵のように出来上がる世界である。読者からは「文章が美しい」、「透明で静かな雰囲気」、「さらさらとざらざらの間にあるスペース」、「さらっとした文章」、「ふわふわゆらゆらした感じが強い」、「ゆらゆら漂っているような感覚に浸っていた」という評価が出た。

　そこでは、「透明」、「静か」、「さらさら」、「繊細さ」などのキーワードが何度も繰り返されている。読者たちはこれらの雰囲気にとらわれながら、作品を味わっているのである。

　ゆえに、本研究の目的は川上弘美の最新長編作『水声』における雰囲気づくりの手法を明らかにすることである。その目的を達成するために、本論では内容と文体に分けてテキスト分析を行うが、まず先行研究をまとめ、有意義な指摘を抽出したい。

1.2 先行研究

　清水良典（1996）[2]は川上の新鮮さは、凡庸で、無名で、無個性的なキャラクターや淡々とした語り口と「小説みたいな事件も起こらない」簡単な筋とを組み合わせて物語を書くためであると述べている。

1　川上弘美『水声』文芸春秋、2014年9月。

2　清水良典「川上弘美覚書」『文学界』1996年7月、192〜204頁。

田中和生（2002）[1]は川上の小説を夢のような物語と名付けた。固有名詞の禁止、オノマトペの多用、主語の欠落、冒頭の仕掛けなどが夢のような物語の世界の支えであると結論付けた。

　吉田文憲（2003）[2]は『センセイの鞄』におけるカタカナ表記の機能が、生身の力や固有名詞の生々しさを解消し、主人公の人格を精霊化していると述べている。

　青柳悦子（2004）[3]は『溺レる』を中心に言語学の視点から川上の文体を分析し、擬古文法から生じた異化作用と助詞「みたい」、「ようだ」、「ように」といった不分明な表現について分析を行った。

　原善（2005）[4]は対象との微妙な距離感が川上文学の大きな特徴であると指摘している。また、川上の文体・語り口が物語の内容をぼかし、不思議な世界を開いて展開していくと評した。

　工藤由布子（2013）[5]は『椰子・椰子』を中心に、（1）日本語の表記の使い分け、（2）独特な語り口、（3）反復と短いセンテンス、（4）俳句との関連性という四点から川上の表現の特徴を考察した。内容の考察とともに、川上文学の特徴は「言葉」、「生活」、「生物（生命）」の冷静なバランス感覚であるという結論に至った。

　先行研究は川上弘美の小説を文体や表記などの面でいろいろと指摘したが、新作『水声』についての研究はまだ詳細が十分に研究されていない。

1.3 研究目的と方法

　本論文の目的は川上弘美作品における雰囲気づくりの手法を解明することである。その問題を解決するために、本研究は川上の長編小説『水声』を中心としてテキスト分析を行うが、川上のほかの作品も視野に入れて比較を行う。川上作品を分析する際には、作品の内容と文体の両方に焦点を当てる。

1.4 論文の構成

　「はじめに」の後、第2章は内容の面から『水声』の雰囲気づくりの特徴を分析する。第3章と第4章は文体の面で二つの部分に分け、柔らかい文体と硬い文体から川上の雰囲気づくりの手法を考察する。

1　田中和生「孤独な異界の『私』」『文学界』2012年12月、264〜281頁。

2　吉田文憲「黒い鞄と魔法の時間」『ユリイカ』（総特集　川上弘美読本）9月臨時増刊号、青土社、2003年9月、80〜86頁。

3　青柳悦子「川上弘美―様態と関係性の物語言語化」『女性作家《現在》［国文学解釈と鑑賞］別冊、至文堂2004年3月、210〜219頁。

4　原善「川上弘美の文学世界」『〈現代女性作家読本（1）〉川上弘美』鼎書房、2005、8〜17頁。

5　工藤由布子「川上弘美『椰子・椰子』論」『岩手大学大学院人文社会科学研究科紀要』第22号、2013年6月、19〜36頁。

2. 内容から見る川上作品の特徴

本章は内容の面から『水声』の特徴や雰囲気づくりにかけての効用を分析していきたい。

2.1 物語性の欠如

「物語性がある」というのは、鮮やかなキャラクターを持つ主人公、はっきりした筋、クライマックスのある展開と最後の有力な完結ということである。

純文学は大衆小説と違い、「娯楽性」よりも「芸術性」に重きを置いているのが特徴であるが、だからと言って、純文学の小説の物語性が放棄されても構わないというわけではない。しかし、川上の小説は物語性に乏しいということがしばしば指摘されている。小説を照らしつつ分析していきたい。

まずは小説の中の人物像から見ていこう。

『水声』に登場した主な人物は、語り手の「都」とその一つ下の弟の「陵」、彼らのママとその異母の兄（彼らのパパ）、パパとママの親友で子供たちの実の父である可能性の高い武治さん、それに友だちの奈穂子という六人しかいない。そのうちママだけが魅力的で鮮やかに描かれている。

「わたし」にとって、ママは特別な存在で、「女の原型」のような人である。

ママが亡くなってから何十年も経ったが、依然として「わたし」の家族の記憶の隅々や「わたし」の夢の中に潜んでおり、一刻も忘れられたことはない。そしてママが死んだあと、家族の間で強い紐のようなものがなくなり、パパと陵と「わたし」が相次いで家を出てしまった。

ママはまるで古代の女神のように残酷でもあり、姉弟婚をしたクレオパトラのように男性を惹きつけてやまず、「いろんなものを壊す癖」があった。こうしたママという人物像が鮮やかに読者の頭に焼き付けられる。

次はパパの人物像について考察していく。

小説の中で、正面からパパの性格を描いたシーンは極めて少なく、確実に言えるのは時計を買うのが好き、実家の紙屋を継ぐのが嫌で家出したことくらいしかない。パパという人物像ははっきりしておらず、薄いと言えるだろう。

更に、陵の人物像については、「口数の少ない子供だった」、「通信簿はだいたいオール5だった」とあり、通勤中に地下鉄サリン事件に遭遇してから、常に死と人生を考え続けることになる。

最後は、語り手としての「わたし」である。評論家の斎藤美奈子[1]が「川上文学の語り手は、小説の語り手としての役割をかなりの部分、放棄している」と指摘しているように、「わたし」は、あまり自身について語らない。陵と一緒にいる場面は力を惜しまず細かく描かれているが、陵が関わらない「わたし」の生活については述べられ

---

1 「文芸秋特集川上弘美」『文芸』2003年、50～51頁。

ていない。

　このように、人物について確定できるのはわずかな情報だけである。容姿、服装、趣味、性格、信念など、人物の個性や社会性については明確に描かれていない。

　上に言及しているように、この小説は一気に出来上がったものではなく、まずは文芸誌で連載し、最後にまとめて一冊の単行本になったものである。つまり、創作の時間が相対的に長引いたことがわかる。また、インタビュー[1]で「作家の中には構成をきっちり決めて書かれる方と、テーマはあるが、あとはある程度、自由に探って流していく方とあると思いますが、川上さんはどちらですか」と聞かれると、「あまり決めない方です。すごく長いときは別ですが、普通の長編、原稿用紙で400〜500枚ぐらいだと、何となくぼんやり決めておいてという感じでしょうか」という答えを返している。

　つまり、川上の場合は、小説を書く時、細かく事前に規定し、骨組みに基づいて物語を展開しているタイプではなく、自由に思いに任せたタイプであることがわかる。

　これだけではなく、小説を読み終わると、「この物語には筋がない」ということに驚かされる。『水声』の中の主な出来事あるいは事実は、「わたしと陵が実家に戻って共に暮らし始めた」、「ママとパパは夫婦ではなく、異母兄妹」、「わたしたちの本当の父は武治さんの可能性が高い」、「ママが若い年で癌でなくなった」、「陵が通勤途中で地下鉄サリン事件に巻き込まれた」、「陵と同じ部屋で寝ていたから、ママの夢を見始めた」、「ママが死ぬ一週間まえ、わたしと陵が肉体関係を一度結んだ」という離れ離れの点のようで、物語のところどころに点在している。

　これは語り手が、過去と現在の間を自由に行きつ戻りつという語り方にも深くかかわっている。この特徴は『水声』だけではなく、川上弘美の全作品に当てはめることができる。

　このように、人物像に関しては、ママだけが鮮明で、ほかの全員があまり個性を持っていない。それに作品全体に人物に関わる情報が極めて不足しており、人物像が不分明であることは否定できない事実である。プロットの面では、一つ一つの出来事がはっきりした因果関係や前後関係をもたず、明確な筋を抽出できないという点も事実である。よって、人物像にしろ、プロットにしろ、『水声』という作品は物語性をかなり欠如していると言える。

2.2 日常的なスケッチ

　第1節ですでに論証したように、『水声』という作品は、人物像やプロットの面では完成度が高くなく、むしろたくさんの空白がところどころに余っている。では、この222ページからなる小説は、どのようなものに支えられているのだろうか。この物語の内容をまとめれば、身辺雑記のようなものばかりで、物語というより、むしろ日

1　味岡康子・川上弘美『LIBRA』Vol.14、No.9、2014年9月、24〜25頁。

常のスケッチのようなものに見えるのではなかろうか。
　まず、いくつかのシーンを見ていこう。

　　　　やかんのふたが、かたかたいう。もうすぐ沸騰がはじまるのだ。細い口か
　　　ら蒸気がかすかに出ている。茶筒を片手にもち、次の瞬間に湯が沸騰するか
　　　するかと、待ちかまえる。待っていると、沸騰は始まらない。そして、一瞬
　　　目をそらした隙に、からかうように蒸気が吹き上がる。（『水声』p53）

　このようなシーンを読むと、思わずうなずき、強烈な共感を得た読者もいるだろう。作者の鋭い目と繊細な筆致のおかげで、普段の生活に出てくる似たような場面が作品の中で再現され、まるで街で知っている人とばったりあうような面白味が読者の中に湧いてくるのである。
　また、一つの出来事が一気に説明されず、少しずつ少しずつ、ジグソーパズルのように、一枚一枚加えられ、やっと全貌が見えるという仕掛けもしばしば使われている。以下の引用箇所を見てみよう。

　　　　夏の夜には鳥が鳴いた。短く、太く、鳴く鳥だった。（『水声』p7）
　　　　思い出すと、どこかで鳥が鳴いているような心地がする。あの、夏の夜に
　　　鳴いていた、太く、短い声の鳥が。（『水声』p26）
　　　　会話をかわしているうちに、あの夏のことが、まぼろしの記憶のように思
　　　われてきた。いや、あれはほんとうに、まぼろしだったのではなかったのか？
　　　（『水声』p63）
　　　　あの夏の夜、鳥はよく鳴いた。太い声の鳥だった。（『水声』p161）
　　　　ママだけではなく、パパも、知っていたのだろうか。あの夏の、鳥が短く
　　　太く鳴いていた夜のことを。（『水声』p171）
　　　　こうやって陵と暮らすようになってから、この2013年の暮で、二十年近
　　　くになるのだ。あの夏の夜からは、三十年近く。（『水声』p193）

　このような一連のシーンが小説には遍在しており、読者の注意を引いている。この鳥がよく鳴く夏には一体どんなことが起こったのであろうという疑問が読者たちの頭の中で広がる。小説のほぼ最後の部分でやっとその謎が解明される。あの1986年の夏の夜に、二人の姉弟は肉体関係で結ばれたのである。こうして、まずは線を引き、次に陰影を作り、明暗対比を強化し、最後にやっと一枚の絵として出来上がったのである。
　プロットを重視しない川上の小説を読むと、まるで無意識にギャラリーに入り込んでいるのではないか。そこに何十何百何千枚の絵が静かに壁に掛かっている。映画でないことにがっかりする人もいれば、純文学的な小説を好んで言葉そのものの

感触を味わうように、この一枚一枚繊細に描かれた絵を鑑賞し、満足する人も必ずいるであろう。

3. 柔らかい文体

　第2章ですでに検討したように、川上の作品の構成は素朴で空白が多い。なのに、どうしてこのような作品は読者から高く評価されるのだろうか。その秘密は文体にあると思われる。川上の作品は、何を書いているかというより、どう書いているかということを重視しているのではないだろうか。以下、文体の面で柔らかい文体と硬い文体という二つの部分に分けて検討していきたい。

3.1 漢字表記の平仮名化

　川上弘美前期の作品では、人の名前を意識的にカタカナ化したことで注目を集めていたが、作品中で漢字にすべきところを平仮名で表記するのも、川上文体の鮮明な特徴である。

　『水声』の場合には、

「麻のシーツをとりかえる時」	（『水声』p7）
「いちばんのんびりとした」	（『水声』p10）
「ふるえが止まらなかった」	（『水声』p13）
「陵の顔がみえる」	（『水声』p16）
「南京虫をとらまえる」	（『水声』p31）
「へんじゃないのかしら」	（『水声』p49）
「なつかしくなった」	（『水声』p61）

など、頻繁に出てくる。

　こうして一般的に漢字で表記される場合が多い言葉を、平仮名で表記するところが驚くほど出てくる。では、こうした手法はどのような効果を生んでいるのだろうか。

　日本語の文字は漢字と平仮名とカタカナの三つに分かれる。簡単に言えば、漢字は実質的な意味を表し、ひらがなは抽象的な意味を伝え、カタカナは音を表すという使い分けになる。具体的な場合では、この三種類の表記をお互いに取り換えることも可能であるが、どのような場合は漢字で表し、どのような場合はかなで表すべきといった強制的な制限はない。

　現行の常用漢字表は、2010年（平成22年）11月30日に平成22年内閣告示第2号として告示され、2136字/4388音訓［2352音・2036訓］から成っている。

　本論で取り上げた『水声』は文学作品である以上、常用漢字表に従う必要がない。しかし、ここには使い分けにおいてその傾向が見られる。それゆえ、常用漢字表と対照しながら分析していきたい。

表1：『水声』の表記と常用漢字表との違い

『水声』の表記	常用漢字表	『水声』の表記	常用漢字表
とりかえる	取 シュ とる 替 タイ かえる	目にうかぶ	浮 フ うかぶ
ふれてはならない	触 ショク ふれる	夢にあらわれた	現 ゲン あらわれる
かかっている	掛 カケル かかる	沼にひきこまれた	引 イン ひく
よろこんでくれる	喜 キ よろこぶ	南京虫をとらまえる	捕 ホ とらえるつかまえる
空気にとけこみ	溶 ヨウ とける	なつかしくなった	懐 カイ なつかしい

表1を見ればわかるように、上記の言葉は全て常用漢字表の中に対応する漢字がある。つまり、『水声』の表記では「漢字表記すべき箇所が平仮名になっている」という傾向が見られる。

このような表記の傾向はただ作者の不自覚的癖なのか、それとも意図的にその表記を通して何かを伝えようとしているのか。代表作の一つ、『センセイの鞄』の有名な冒頭部を見てみよう。

　　正式には松本春綱先生であるが、センセイ、とわたしは呼ぶ。
　　「先生」でもなく、「せんせい」でもなく、カタカナで「センセイ」だ[1]。

この冒頭文から、川上作品における日本語表記の使い分けが非常に重要なポイントであることが分かる。

そのため、上に挙げた漢字表記すべき箇所が平仮名になっているというのは、ただの偶然ではなく、作者が意図的にそうさせ、何かの効果を企んでいるのである。

小説家なら、多少規範外れの表記を使う。漢字にすべきではない言葉を漢字にするとか、難しい当て字をするなどはしばしば見られる。ところが川上の場合は逆である。平仮名は漢字やカタカナに比べると、視覚的に一種のゆとりがあり、柔らかな印象を与えやすい表記である。川上はこの平仮名の特性を巧みに利用しており、文章に「軽み」を持たせ、ふわりという感覚を読者に伝えている。

3.2 オノマトペの多用

川上作品のもう一つの特徴はオノマトペの多用である。

　　視界には<u>きらきら</u>した粒子がただよいはじめ、貧血が起きているのだとい

---

[1] 川上弘美『センセイの鞄』平凡社、2001年、7頁。

うことがわかる。体は冷えてゆき、手足の先の感覚がなくなる。
　目を閉じると、白く<u>もやもや</u>したものがあらわれる。閉じている目に見えるはずはないのだけれど、心を静めてもやはり<u>もやもや</u>は去らない。体が<u>ふわりと</u>浮き、……（後略）　（『水声』p172）

　このように一段落でオノマトペが非常に頻繁に登場する場合もある。ここでオノマトペはどのような役割を果たしているのだろうか。
　日本人の実生活の中でオノマトペは多用されているが、言語学の分野においては長らく研究対象とされてこなかった。本来擬声語は言語体系の中心を離れた周辺的なもの、だらしなく子供っぽいものと見なされたことがその理由である。「幼稚なもの」として、文学上においてもそれを多用することはしばしば非難の対象となり得た。
　川上の世界では、オノマトペは下記のいくつの役割を果たしている。
　オノマトペは抽象性に欠けているが、その効果的な音韻の組み合わせは視覚、聴覚、触覚、臭覚などいわゆる五感をよみがえらせ、「手触り」、「肌触り」といった生きいきとした身体的な臨場感、躍動感、リアリティーを演出する非常に効果的な表現である。
　それに、オノマトペは、言い表すことが難しいことを一言で伝達することができる。いくら言葉を堆積してもうまく相手に伝わらない場合がある。そんな時、ただ一つのオノマトペが苦境から救い出す力を持っている。日本人にとっては、オノマトペは1を言って10を知らせるという凝縮特性を強く持っており、「音」としての面白みと「ことば」としての面白みの両面を有効に引き出している。
　次に、前節にすでに分析したように、漢字表記すべき箇所が平仮名になっているという仕掛けが文章に柔らかさを持たせると同時に、漢字の表意の役割を削除し、抽象的なイメージを読者に伝えるのである。ここでオノマトペは逆に、具体的な世界を読者に伝えることができる。こうして抽象的なイメージと具体的なイメージが混ざりあい、よく配置・配分することで、強と弱、濃さと薄さなどの間を常に行き来することによって、巧みにバランスをとり、豊かな作品の世界を作り出しているのである。

4．『水声』における硬い文体

　前章は川上作品の中での「ふわふわ」、「ゆらゆら」といった感覚をもたらす柔らかい文体について分析した。本章は主に古風な言い回しや難しい言葉、硬い断定調の多用や連用中止形の頻出、句読点の付け方と接続詞の欠落といういくつの面から見ていきたい。

4.1 古風な言い回しや難しい言葉

まず、『水声』における古風な言い回しや難しい言葉である。

青柳悦子（2004）[1]は「誰が読んでもまず目に付くのは、川上弘美がやや古めかしい言葉づかいをあえて用いることだ」と述べ、それを「擬古文法」と呼んでいる。ここでいう川上の「擬古文法」とは、完全な古語ではなく、現代語の中のやや古めかしい表現であり、日本の歴史や伝統文法などについての知識をあまり必要としない種類の言葉であり、おおむね語尾の言い回しや副詞、とくに擬音語・擬声語、接続詞・接続助詞など、モダリティ（発話態度）や様態的な側面にかかわる語句がほとんどであると青柳は指摘している。

では、具体的な例を見よう。

(1) そういえば、盗みぐせのあるねえやもいたわね。それも、お金やお店の品を盗むんじゃなくて、台所のものを失敬するの、ことにバターが好きで、いつかかたまりのままのバターをむしゃむしゃ食べちゃって、胸がひどく悪くなって往生してたわ。（『水声』p28）

(2) 高校生風情が「行きつけの店」もないものだと、わたしは失笑したけれど、考えてみれば、……（後略）。（『水声』p157）（下線は筆者加筆。以下同じ）

「古風な言い回しや難しい言葉」としては、上に引用した「失敬する」、「往生した」などの他に、「諧謔」、「韜晦」、「瀟洒」、「虎視眈々」、「跋扈する」などが挙げられる。よって、読者たちは文章をすらすら読んでいる時、柔らかく、ふわふわとした生地の中で、金属のようなものが突然凛と現れるような気がする。古風な言い回しや難しい言葉の使用は読者の眉をひそめさせ、不意打ちを食らわせるのである。

4.2 硬い断定調の多用と連用中止形の頻出

次に、硬い断定調の多用について分析していく。

論文や応用文など実用的な文書の場合には、「である」調が要求される。しかし、小説であるはずの『水声』には、「である」、「だそうである」、「であった」、「だったのだ」という硬い断定調がところどころ使われている。

(1) 英語を英語のように発音するから、奈穂子はいじめられていたのである。（『水声』p10）

(2) 陵は最初にそう言ったのである。（『水声』p38）

---

[1] 青柳悦子「川上弘美—様態と関係性の物語言語化」『女性作家《現在》』［国文学解釈と鑑賞］別冊、至文堂、2004年3月、214頁。

(3) それは、今では開かずの間となっている、時計の部屋である。（『水声』p41）

　小説の中では、「である」、「であった」の代わりに、「だ」、「だった」が使われるのが一般的である。それに、文の内容を見ると、細かな日常的なエピソードであり、説明文や論文とはまったく異なるが、川上はわざと「である」という断定調を使い、前後文の間にギャップを作り出している。
　「である」調だけではなく、「〜た」、「〜する」という表現も多く用いられている。現代小説では、「語り手」が女性の場合、あまり使用されない断定調が時おり挿入されることで、叙述調の「硬さ」が鮮やかに印象付けられている。
　更に、『水声』では一般的に口語的な「〜て形」が使われているが、時々連用中止形も使われる。

　　　(1) わたしたちの寝室から廊下に出、一つ曲がったつきあたりまで歩くと、ママの寝ていた部屋がある。（『水声』p7）
　　　(2) ママはうすく笑い、あらあら、そんなことしていいのかしら。（『水声』p13）
　　　(3) そのままママの癌は進行し、しばらくは結婚どころではなくなった。（『水声』p51）

　ここで、連用中止形を「〜て形」に替えても、意味伝達の面からは大差がない。カジュアルで口語的な「〜て形」より、「連用中止形」の方が一層丁寧、迷いなく、きっぱりという語感をもたらしている。
　工藤由布子[1]は「感情描写が少なく、起こった事実のみを『記録』的に、簡潔に描写するという点も、川上作品全体に当てはまる特徴である」と述べている。このように、人の気持ちをそのまま描写することなく、冷静的かつ客観的に観察し、記録し、読者に報告するような形で描写しているのも川上の特徴である。
　古風な言い回しや難しい言葉と硬い断定調の多用に、連用中止形の頻出を加え、その文章を素気ないわりに、物々しく、また中性的あるいは無性的なものにしている。ここで注意すべきことは、硬い叙述調が文章全体を覆うことなく、口語的でカジュアルな言葉遣いなどレベルの違う語り口と混ざり、その間に織り込まれることによって、その「固さ」を強調し、おかしみを醸し出すのである。

---

[1] 工藤由布子（2013:25）「川上弘美『椰子・椰子』論」『岩手大学大学院人文社会科学研究科紀要』第22号

5. おわりに

　本研究では、川上弘美の最新長編小説『水声』を取り上げ、内容と文体の面から川上の雰囲気づくりの秘密を考察した。結論としては以下の通りである。

　内容の面から見れば、『水声』の人物像は鮮やかではなく、明確なクライマックスや因果関係も見えず、日常的なスケッチに支えられている。作者は鋭い観察の目を生かし、有り触れた生活の場面を読者の前に呈し、共感をもたらしている一方、読者に自由な想像の余裕を与え、作品に余韻をもたらしている。

　文体の面から見れば、漢字表記すべき箇所が平仮名になっていることとオノマトペの多用については「透明感のある」、「ふわふわ」、「ゆらゆら」といった雰囲気を作りあげていることがわかった。古風な言い回しや難しい言葉の使用、硬い断定調と連用中止形の多用も、冷静で静かな雰囲気を作品全体に帯びさせるものだと言えるだろう。

　内容と文体の面でいろいろと工夫しており、不思議な川上ワールドが生み出されたことが明白となった。川上小説の雰囲気作りの手法が明らかになったことで、今後の川上作品の研究に手がかりを提供することができると考えられる。

　しかしながら、川上作品の中に、常に登場するそれぞれの「夢」がどのような意味を持っているのかについては明らかではなく、今後の課題としたい。

川上弘美の作品

1. 『神様』中央公論社、1998
2. 『蛇を踏む』文芸春秋、1999
3. 『センセイの鞄』平凡社、2001
4. 『ニシノユキヒコの恋と冒険』新潮社、2003
5. 『水声』文芸春秋、2014

参考文献 – 雑誌・解説

1. 清水良典「川上弘美覚書」『文学界』1996年7月
2. 穂村弘解説『物語が、始まる』中公文庫、1999年9月
3. 田中和生「孤独な異界の『私』」『文学界』2002年12月
4. 小平麻衣子「川上弘美と〈食〉」『国文学　解釈と教材研究』7月臨時増刊号、2003年7月
5. 『文芸』秋季号（特集：川上弘美）、河出書房新社、2003年7月
6. 『ユリイカ』（総特集　川上弘美読本）9月臨時増刊号、青土社、2003年9月
7. 『文学界』（川上弘美の文学）、2003年10月
8. 千石英世「甘噛みのユートピア」『文学界』2003年10月

9. 青柳悦子「川上弘美―様態と関係性の物語言語化」『女性作家《現在》』[国文学 解釈と鑑賞]別冊、至文堂、2004年3月
10. 池内晴美「川上弘美研究」『人間文化』20号、神戸学院大学人文学会、2005年11月
11. 山平有花里「あるようなないような〈境目〉―川上弘美の物語世界―」『言語文化論叢』第1巻、京都橘大学、2007年9月
12. 和田勉「川上弘美論」『九州産業大学国際文化学部紀要』第三八号、2007年12月
13. 「文芸 夏 特集 穂村弘」『文芸』河出書房新社、2009年
14. 座談会『短歌のことば、小説のことば』穂村弘 川上弘美 角田光代、文学界、2012年11月
15. 工藤由布子「川上弘美『椰子・椰子』論」『岩手大学大学院人文社会科学研究科紀要』第22号、2013年6月
16. 味岡康子 川上弘美「LIBRA」Vol. 14、No. 9、2014年9月

単行本

1. カトリン・アマン『歪む身体　現代女性作家の変身譚』専修大学出版局、2000
2. 青柳悦子「あるようなないような　気配と触覚のパラロジカル・ワールド」『文学理論のプラクティス：物語・アイデンティティ・越境』新曜社、2001
3. 原善編『〈現代女性作家読本（1）〉川上弘美』鼎書房、2005
4. 松本和也『川上弘美を読む』水声社、2013

ウェブ資料

1. http://ja.wikipedia.org/wiki/~川上弘美
2. http://bookmeter.com/b/4163901310~川上弘美『水声』感想~読書メーター
3. http://ja.wikipedia.org/wiki/~常用漢字
4. http://ja.wikipedia.org/wiki/9E~擬声語

論文作者の心得

在硕士课程的学习与研究过程中，我接触到了日本当代女作家川上弘美，并对其作品产生了浓厚的兴趣，由此如饥似渴地阅读了川上弘美的小说和她在文学杂志上发表的连载随笔等，决定对其作品《水声》中的氛围营造手法进行探讨与研究。在研究过程中恰好学校组织去日本研修学习，就把握此次机会在日搜集了大量关于小说文本、杂志访谈、研究论文等参考资料及研究成果。与此同时，确定了作为研究对象的文本，在对资料进行整理和分析的基础上逐步形成了论文结构，并决定从作品的内容和文体两方面展开分析。根据文学论文的写作要求，我在大学规定的时间内顺利完成了硕士论文，之后

提交导师完整版论文并完成了论文答辩。该论文能成为这一届的优秀硕士毕业论文，要感谢导师细心、认真地指导，也要感谢自己的不懈努力。撰写毕业论文是我学术道路上的初次尝试，写作过程中也遇到了不少困难，如不熟悉学术写作方法，论文写作进程安排不当等，但总的说来，是一次非常宝贵的体验。

川上弘美（Hiromi Kawakami）　日本当代著名作家，生于1958年，1994年出道即以《神》获得柏斯卡短篇文学奖，1996年凭借《踩蛇》获得日文文学最高荣誉——芥川奖。2001年发表《老师的提包》，获谷崎润一郎奖，该小说成为她最著名的代表作，英文版获英国《独立报》外国小说奖提名。

6.1.1　スキル演習Ⅰ小説を引用する時の書き方

論文やレポートなどで小説を引用する方法は、次の4つのポイントを把握しながら書いてみましょう。

（1）短い文章なら「」や《》などの括弧を使いましょう

論文やレポートの中で短いテクストを引用する場合は、「」や《》などを使います。

例：『我輩は猫である』の冒頭は次のように始まっている。《我輩は猫である。名前はまだ無い。どこで生まれたかとんと見当がつかぬ》。

作品タイトルは二重カギ括弧『』にしましょう。小説の作品タイトルは二重カギ括弧で表すのが一般的です。たとえば『水声』といった感じです。ちなみに、映画やアニメ、漫画の作品などでも、二重カギ括弧を使えば作品タイトルであることが分かりやすいです。

（2）長い文章なら改行、あるいは字下げを使いまよう

長い文章を引用する場合は、改行、あるいは字下げをすることで引用部分であることを明確にします。

字下げ（じさげ）とは、文章を書く際に行頭の位置を周りの文章よりも下げること。縦組みなら下に、通常の横組みなら右に、アラビア語など右から左に読む横書きでは左に寄せることになります。例えば次の行は一段字下げされています。

字下げされた行

日本語を含めた多くの言語では、新しい段落を始める際に最初の行を字下げする習慣があります。

たとえば、横書きの場合、具体的な書き方は以下になります。

> 『我輩は猫である』のテクストは次のように始まっている。
> 　《我輩は猫である。名前はまだ無い。どこで生まれたかとんと見当がつかぬ。何でも薄暗いじめじめした所でニャーニャー泣いていた事だけは記憶している。吾輩はここで始めて人間というものを見た。しかもあとで聞くとそれは書生という人間中で一番獰悪（どうあく）な種族であったそうだ。》

「二つの字以上だと字下げを使う」という決まりはありません。見やすいように、4行以上であれば字下げにするなど自分で決めておくと良いと思います。それと、指導教官と相談してもいいじゃありませんか。

(3) 引用テクストの原文出典を明記しましょう

小説のテクストを扱った論文やレポート内で、テクストの引用元を明記することは必要です。

版によっては、旧字や新字、誤字脱字などの違いがあるからです。具体的には、注を付けること、引用参考文献とともに引用元を書くという手順になります。

例：では、『我輩は猫である』の場合はどうだろうか。

> 本稿における『我輩は猫である』引用テクストには、現代表記である『我輩は猫である』(漱石文学作品集1、一九九〇年、岩波書店)を用い、基本的にルビは省略した。

(4) 引用文献として書くことを忘れないようにしましょう

レポートやネット上のサイトなどでは、小説を引用文献として書くこともあります。その場合の書き方は以下の通りです。

形式：著者名(翻訳者名)「作品名」出版社、出版年、引用頁

例：川上未映子「乳と卵」文藝春秋、2008年、10頁

特にネット上のサイトであれば、背景をグレーにして引用符を付けることで引用であることをより明確にできます。たとえば、(出典: https://bungakubu.com/cited-from/20240127閲覧)

> 「卵子というのは卵細胞って名前で呼ぶのがほんとうで、ならばなぜ子、という字がつくのか、っていうのは、精子、という言葉にあわせて子、をつけてるだけなのです」

川上未映子『乳と卵』文藝春秋,2008年,7頁

6.1.2 スキル演習Ⅱ論文を読み取るトレーニング

この論文を読み取るトレーニングをするために、以下のワークシートを、各々の項目の提示に沿って完成してみましょう。

① この論文のアウトラインを並べてみましょう。
② この論文の専門用語を抜き出しましょう。
③ この論文の序論に書かれている内容は何か書き出しましょう。
　　研究背景
　　先行研究
　　研究目的
　　研究方法

論文構成
④ この論文の本論に書かれている内容は何か書き出しましょう。
この論文の本論はどのように膨らませているのかを整理してみましょう。
　　第2章
　　第3章
　　第4章
⑤ この論文の結論に書かれている内容は何か考えましょう。
　　結論について200字で短くまとめてみてください。
⑥ この論文の要旨を日本語と中国語それぞれ300字ぐらいでまとめてみてください。
　　【日本語要旨】
　　【中国語要旨】
⑦ この論文のキーワードを両言語で五つ選択してください。
　　【日本語キーワード】
　　【中国語キーワード】

6.1.3　スキル演習Ⅲ　この論文についての評価

この論文をすでに読み終えました。いろいろなスキル演習や訓練もやりました。では、この論文から何を学びましたか。例えば、わかったこと、わかっていないこと、足りないことなどについて考えましょう。ここで中国語も日本語もかまわないので、その評価を200字くらいで陳述してみましよう。

6.2 モデル論文 II

私立大学における学生の日本語学習意欲についての調査研究

1. はじめに

1.1 研究背景

　新しい時代や情報化になっている時代において、大学での日本語教育は珍しくない。日本語という科目は、専攻としても、第二言語としても、その学習者は増加しつつある。特に日本語を専攻としている学生は、ほとんどゼロからスタートする。これに対して、日本語学習の興味が育成されることは大変重要であると考えられている。大学側も、学生に向けた教授法や勉強法、カリキュラム設計などをもっと工夫しなければならない。したがって、学生の学習意欲を高めるために、その着眼点を見つけることが考えられるようになってきた。学生にとって日本語に対する興味を引き出すことができることがカギとなる。

1.2 先行研究

　先行研究について、我が国の研究現状と海外の現状について述べていく。
　まず、中国の場合、陳佳（2008）の研究は「初級段階における日本語教育方法の研究」において日本語学習段階における音声、日本語漢字、用言活用、授受関係について述べられている。陳佳は学生の日本語学習の積極性を高める方法を分析しており、日本文化の導入によって、学生の学習興味の向上、学生を教育の中心に、学生の積極性の引き出し、教育観念の更新、能力育成への重視、聞くことと全体像能力を高めるシステム訓練などが必要だと結論づけられている。
　邱婷・陳玉燕（2018）は「大学の日本語教育がどのように学生の学習意欲を引き出すか」において、日本語は第二言語として、私たちの生活の中では、あまり使われていない言語であることを認識しなければならないとしている。
　呉瓊（2019）は「情景式教育モデルの大学日本語教育における応用」において、大学での日本語教室教育に存在する主な問題から展開し、情景式教育や生活化教育などが有効な措置だとした。
　次に、海外の研究現状について見てみよう。
　任ジェヒ・平松友紀・蒲谷宏（2018）は「日本語教育におけるコミュニケーション教育の現状と目指すべきもの」で、それに関する文献研究を通じて、具体的に以下の二つの研究課題が提示されている。一つ目は、コミュニケーション教育は何を志向して行われているのか、二つ目は、コミュニケーション教育に携わる人は何を目指すべ

きかである。特に、実践者が目指すべきものとしては、人への着目という観点を活かした研究と実践を両立して行うこと、教室空間、学習者、教師、教育目的、異文化などに対する捉え方の背景となるコミュニケーション教育観を明確にすること、異なる教育観であっても互いのアプローチを尊重しつつ発展させていく姿勢を持つこと、他の研究分野を含め、広く発信していくことが挙げられた。

藤田百子（2019）は小林ミナ著『日本語教育・よくわかる教授法』の「コース・デザイン」から「外国語教授法の歴史の変遷」までにおいて、「教室活動」は「カリキュラム設計の一部であり、教育実践そのもの」であり、どのような「教室活動」を行うかは十分検討に値すると述べされた。

本論文では、それらのいくつかの学術研究成果を参考としたうえで、中国での日本語教授法に示唆されていることを検討したいと考えている。日本側の日本語教授法を参考とし、その異同の観点からどのようなことが見られるか、学生の日本語学習の積極性を引き出すことができるかを究明したい。

1.3 研究目的と方法

筆者は大学で日本語専攻の学生として、一年生から四年生まで日本語を学んできているわけである。その学習についてさまざまな考えを持っている。自身の学習経験によって、本大学の日本語専攻教育がどのようにして日本語学習者の積極性を引き出すことができるかについて、明らかにするのが本論文の目的である。

研究方法としては、先行研究を踏まえ、関連資料を集めてまとめていく。そのために、「私立大学における学生の日本語学習意欲について」アンケート調査を実施することとした。

1.4 論文の構成

第1章では、研究背景、先行研究、研究目的、研究方法と論文構成であり、第2章では、私立大学における日本語専攻学生の状況について、第3章では、日本語学習意欲と授業についての調査結果の分析、第4章では、学習者のネガティブな感情への対策を提案し、第5章は結論となる。

2. 私立大学における日本語専攻学生の状況について

2.1 日本語専攻の選択

筆者自身の経験から言えば、日本語専攻を選んだのは多くの場合、本人の希望ではなく、両親からの勧めである。自分はこの専攻に対する認識と興味が全然足りない。こうしたことで、日本語専攻の後期になると、日本語が難しく感じられ、勉強への興

味がなくなってしまうのである。実は、多くの学生は日本の漫画やアニメが好きで、日本語が好きになった経緯がある。日本語に興味があるので、日本語を専攻にしたという人も少なくない。しかし、実際には、日本語学科における学習内容やその方向を詳しく認識している学生が多くなかった。したがって、日本語を勉強した後、何と複雑な言語なのか、文法は多様で、敬語は煩雑だと感じる学生も多くなっている。ゆえに、日本語学習者にとってはストレスが溜まりやすくなり、余計学びたくなくなってしまったのであろう。

2.2 学習動機の衰退

　前節に述べたようにほとんどの学生が日本語専攻を選択したのは、瞬間的な勢い任せである。一年から四年まで勉強した後、日本語学習への興味がなくなってしまい、学習動機も衰退してしまうのである。特に敬語のような難しいところを学ぶと、学習意欲の低下は明確となっている。学習動機の衰退を引き起こす理由としては、教師の教え方、教育内容、教育環境、学生個人という四つの要素があると筆者が考えるようになった。そのうち、最大の要素は教師であると筆者は考えている。

　学習動機の衰退の主な原因は当然学習者個人の原因であるが、教師が原因でもある。学生自身は何を勉強しているのか、何のために勉強しているのかを知っているはずなのに、なかなか真面目に勉強していなかったと反省している。実は、ここで筆者が言いたいことは、教師は学生を責めてばかりではなく、いかにその学習意欲を育てるべきかという点である。

2.3 卒業後の進路

　卒業後の進路についてである。大学側の就職統計によると、日本語専攻の学生は卒業後、ほぼ6割以上が日本に関する仕事も日本に留学に行くこともしない。そのため、卒業後に日本語を使う機会が少なくなり、日本語の言語環境から遠ざかることになる。卒業後の進路が楽観的ではないのも事実である。また、修士課程への進学もいろいろと難しい。

3. 日本語学習意欲についての調査

3.1 調査概要

　日本語専攻学生の日本語学習の積極性を高める必要がある。筆者は「日本語専攻学生の日本語学習の積極性を高める」という視点から出発し、有効な措置を提供できるようにしたいと考える。そこで、普段の日本語の勉強法、日本語専攻を選んだ理由、

日本語の難易度評価という三つの面に着眼しており、15項目を設定したアンケート調査を実施した。

3.2 調査項目

今回の調査は次の15項目からなっている。
(1) 大学で初めて日本語を勉強したか
(2) 日本語を勉強する時間
(3) 日本語が難しく感じるか
(4) 日本語の勉強に興味があるか
(5) 日本語は何が難しく感じるか
(6) 五十音図は難しく感じるか
(7) 課目設置は日本語専攻に適しているか
(8) 出席率の評価方法に満足しているか
(9) 教師の教授法に満足しているか
(10) 大学が提供する施設に満足しているか
(11) 卒業後の仕事は日本語と関わるものか
(12) 日本語専攻を選んだ理由
(13) 好きな日本語の勉強方法
(14) 現在の評価方法は合理的であるか
(15) 普段の日本語の勉強方法はなにか

3.3 調査対象と時間

調査対象は海口経済学院の日本語専攻の学生である。調査期間は2022年11月10日から2022年11月22日までである。

3.4 調査方法

指導教師に頼み、アンケート調査表を学生たちに配布した。学生は10分間ほどで必要項目にチェックを入れ、その場で回収した。調査対象は、海口経済学院の日本語専攻の学生で、合計80人に答えてもらった。そのうち、アンケート調査表の有効率は97%で、有効ではないものが2部あった。

3.5 調査結果の分析

今回の調査は全部15項目が設定された。まず、その調査結果の全体像を見ていく。全体像は次の表1の通りである。

表1: 「日本語学習意欲についての調査結果」の全体像

調査項目	調査結果%	注
(1) 大学で初めて日本語を勉強したか	85%	
(2) 日本語を勉強する時間	90%	
(3) 日本語が難しく感じるか	44%	
(4) 日本語の勉強に興味があるか	57%	
(5) 日本語は何が難しく感じるか	74%	単語と敬語
(6) 五十音図は難しく感じるか	65%	
(7) 課目設置は日本語専攻に適しているか	95%	
(8) 出席率の評価方法に満足しているか	94%	
(9) 教師の教授法に満足しているか	87%	
(10) 大学が提供する施設に満足しているか	60%	
(11) 卒業後の仕事は日本語と関わるものか	40%	
(12) 日本語専攻を選んだ理由	25%	わからない
(13) 好きな日本語の勉強方法	73%	
(14) 現在の評価方法は合理的であるか	93%	
(15) 普段の日本語の勉強方法はなにか	79%	授業で勉強

　表1から、調査された15項目のうちは80%～90%以上の結果は多数であることがわかった。第(6)項目について、65%の学習者は50音図を暗記するのが難しかったと回答した。筆者自分自身の経験もそうだと思っている。特にカタカナを暗記するのもかなり難しさがあった。しかし、25%の学習者は難しくないと回答した。実は、彼らは大学受験のために、日本語を選択したようである。こういうことは25%の学習者は日本語の基礎があるかもしれない。

　第(13)項目では、「好きな日本語の勉強法」についてである。たとえば、筆者は「アニメを見る、ドラマを追う、ニュースを聞く、新聞を読む、本や小説を読む、ビデオや映画を見る、グループ学習、日本語コーナー、日本語サークル、日本文化活動など、そして、証明書のために、試験前に勉強に夢中になるとか、毎日積み重ねるとか、その他などといろいろ工夫していたのに、調査結果から73%の学習者は「アニメを見る」と回答した。これは本当に不思議な結果であった。

　次は、第(3)(4)(5)(11)(12)(15)の6項目がそれぞれ詳しく分析する必要があると考えている。では、この6項目の調査結果を焦点となり、分析していきたい。

3.5.1 日本語の難しさについて

　調査項目の第3項目の調査結果は次のグラフのとおりである。

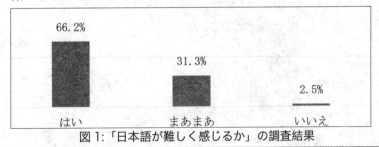

図1:「日本語が難しく感じるか」の調査結果

図1を見ると、「日本語が難しく感じる」の回答者は66.2%を占め、まあまあと感じる人は31.3%を占め、いいえと感じる人は2.5%を占めていることがわかる。つまり、調査結果から、日本語学習者が初めて日本語を勉強する時には、難しいと感じている人が多いことが示されていたのであろう。

3.5.2 日本語の興味について

調査項目の第4項目である。調査結果は図2のようりである。

図2:「日本語の勉強に興味があるか」の調査結果

図2を見ると、「日本語の勉強に興味がある」の回答者は29.5%、まあまあと感じる人は57.4%、いいえと感じる人は13.1%を占めている。つまり、日本語学習者が日本語を勉強する際の興味を高めることが必要だと言える。

3.5.3 日本語そのものの難しさについて

調査項目の第5項目における調査結果である。

図3:「日本語は何が難しく感じるか」の調査結果

図3の「日本語は何が難しく感じるか」についてはそれぞれ選択肢を設けた。その調査結果、単語は73.8%、敬語は68.8%、文法と語順同じで31.3%、漢字は23.8%を占めていることがわかった。「単語」と「敬語」は他の選択肢と比べて圧倒的に多くなった。学生が単語や敬語を学ぶ時には、その難しさを感じるため、教師は日本語単語や敬語に注意をする必要がある。

3.5.4 日本語と関わる仕事について

調査項目の第11項目である。調査結果は次のグラフのとおりである。

図4:「卒業後の仕事は日本語と関わるか」の調査結果

図4が示しているように、「卒業後の仕事は日本語と関わるか」について、「はい」は60.0%、「いいえ」は40.0%であった。つまり、六割の日本語学習者は日本語に関する仕事をしたいと考えているに違いない。日本語専攻として、卒業後、日本語を使う仕事に従事することを願っているのである。大学側は学生の学習ニーズを把握しながらアドバイスをしていくべきであると筆者が望んでいる。

3.5.5 日本語専攻を選んだ理由について
　調査項目の第12項目の調査結果は図5に示した通りである。

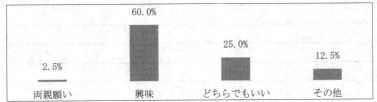

図5:「日本語専攻を選んだ理由」の調査結果

　図5を見ると、「興味があるから」の回答者は60.0%と、他の選択肢と比べて圧倒的に人数が多い。日本語専攻の選択理由はただ興味があるだけというものが多く、学生の興味さえ重視していければ、勉強の意欲が湧いてくるはずであると筆者は考えている。

3.5.6 普段の日本語の勉強方法について
　調査項目の第15項目である。第15項目は選択肢が設定されていなく、被調査者は自分の意思で自由に入れるものである。その結果は次のグラフの示しているとおりである。

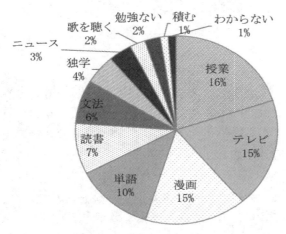

図6:「日本語の勉強方法」の分析結果

　図6からわかるように、日本語の勉強法について、かなり多彩である。10%以上を占めている中では、授業が一番多く、次いでテレビや漫画、単語の暗記などと続いた。したがって、ここでは情景教学法が必要であると判断できる。自由に記入する場合は調査結果からわかるように、一番の勉強法はやはり授業をうけることだと言えよう。

4. 学習者のネガティブな感情への対策

4.1 心理、学習、試験から見る

　学生が日本語を勉強する際の心理的な変化については、最も注目する必要がある。もし学生が心理的に日本語を学ぶことに抵抗があるならば、きっと学び続けることができなくなり、嫌な気持ちのまま、心も体も疲れてきて健康によくない。逆に、学生が心から日本語を好きになり、一心不乱に日本語の勉強に打ち込むのであれば、日本語をマスターすることができる。

　大学は心理相談室を活用し、学生の心理的な健康についてもっと関心を持つべきである。今回のアンケート調査結果によると、多くの学生は最初、日本語の五十音が難しいとは思っておらず、学習も順調に進んでいた。しかし、日本語を勉強すればするほど、文法や敬語が難しいと思っている学生が多くなる。文法や敬語を学ぶ際は、学生の心理的変動に特に関心を寄せたほうがいいと考えられる。

　伝統的な教育の代わりに情景教学法を取り入れるとよい。学生を教室に参加させ、単一の教育パターンではなく、多様性のあるやり方にしてみるといいかもしれない。例えば、学生と一緒に問題を解決することや、興味のあるミニゲームをすることなどで、学生の勉強する意欲が湧いてくるはずである。

　期末試験の問題集についても、教科書の内容だけではイメージがよくない。多くの学生は日本語専攻を選び、証明書や就職に関連する知識をもっと知りたいと考えている。学生を評価する際には、適切に口試を増やすなど、評価の方式を多彩に工夫するよう筆者は願っている。

4.2 教師への提案

　今回の調査結果を参照しながら、教師への提案を試みよう。

　まず、教師と学生とのコミュニケーションは大切だと考えられている。学生のストレスを解消すれば、学習意欲を向上させることができるかも知れない。情景教学法を実行することができればよりよい。授業の内容についてはその知識の説明のみでなく、学生に問わせ、学生自身で考えさせ、グループでディスカッションした上で回答するという方法も悪くない。例えば、日本語の五十音図を学ぶ時に、学生に「あ行」と「か行」を見つけさせ、できた場合はご褒美のような小さな赤花のマークをあげよう。こうすると、学生の日本語に対する学習意欲も高まるはずである。

　また、日本語の漢字や退屈な文法を学生に教える場合は工夫する必要がある。多くの学生は日本語の漢字を直接中国語と同化してしまう傾向があるからである。例えば、日本語の漢字と中国語の違いについてゲームで展開してみれば、教学効果が出てくるかもしれない。文法問題もグループ同士のような競争を設定し、面白い教え方で、退屈な文法を難しく感じさせなくするとよい。ゲームのような教え方のほうが、かえっ

て漢字や文法の記憶を強めることができる。学生と教師とのインタラクティブ1はすばらしい授業になると考えられる。

　さらに、学生の日本語への興味を育てるために、普段から学生たちが好きな日本のドラマやアニメなどを学生に見させるようにしてもいいだろう。それらのドラマやアニメを見ているうちに、日本語に囲まれているような雰囲気になる。無意識のうちにドラマのセリフ（日本語）を聞き、口もそれに従って動かすことができ、意図せぬうちに日本語に対する語感を育成することができ、日本語の学習にも役立つ。このようにして、日本語への興味を育てながら、専門知識もマスターさせ、日本語学習への興味を高めることも可能となる。

　最後に、大学側からの支援であると考えたい。大学側は、学生のために、日本語に関する実践活動のチャンスを作るべきである。例えば、定期的に日本語コーナーを開催したり、日本語のコンテストに参加させたり、文化祭を開催したり、忘年会の雰囲気を感じさせたりすれば、きっとよい効果が出てくるはずである。

5．おわりに

　本論文では、私立大学における日本語専攻学生の状況について、日本語学習意欲に関して調査と分析を試みた。日本語の勉強方法、日本語専攻を選んだ理由、日本語の難易度評価と教授法などの面から着手し、本学に在学中の日本語専攻の学生80人に回答してもらった。その調査結果から、日本語が難しいと感じている学生は六割以上であることもわかった。学習者にとっては単語と敬語が難しいと感じる人が多く、ネガティブな感情を生みやすいことも事実である。

　教師として学生の学習する興味を育成するために、日本語の教え方を工夫しなければならないと筆者は考えている。第二言語習得の学生の心理的健康にも注目すべきである。学生へのスキル訓練のために、日本語コーナー、作文コンテスト、閲読のトレーニングなどさまざまな課外活動を考え、教授法とテストについても多様化していけるよう筆者は望んでいる。

参考文献

　　[1]　范莉婷．综合日语教学中情境教学法的应用研究［J］．作家天地，2021-(10).71-72.

1　インタラクティブ（interactive）の意味は「相互に作用するさま」。特に情報通信において相互に受信と送信が可能なことを指し、「対話型」や「参加型」とも訳される。
　interactive 是"相互作用"之意，即互动。特别指在通信中相互可以接收和发送信息，也可译为"对话型"或"参加型"。

［2］吴琼．情景式教学模式在大学日语课堂教学中的应用［J］．科技教育，2019-17-(12). 139-141.

［3］邱婷，陈玉燕．大学日语教学如何激发学生的学习积极性［J］．高考，2018-(21). 24.

［4］于晓愚．情境教学法在日语教学中的应用［J］．学园，2018- (03). 134-135.

［5］孙云梅，雷蕾．大学英语学习动机衰退影响因素研究［J］．外语研究，2013-(05). 57-65.

［6］傅宇．调动学生积极性：游戏教学法［J］．中国科教创新导刊，2011- (16). 36.

［7］陈佳．初级阶段日语教学方法的研究［J］．科教文汇（上旬刊），2008- (09). 61.

［8］任ジェヒ・平松友紀・蒲谷宏．日本語教育におけるコミュニケーション教育の現状と目指すべきもの［OL］．https://waseda. repo. nii. ac. jp/index/，2022-10-08.

［9］藤田百子．小林ミナ著日本語教育よくわかる教授法「コース・デザイン」から「外国語教授法の史的変遷」まで［OL］．https://waseda. repo. nii. ac. jp/index/，2022-10-08.

［10］児島千珠代．学習意欲と授業についての考察［J］．清泉女子大学紀要，第64号，2017-01.

［11］迫田久美子．外国語としての日本語教育の現状と課題—「国語・外国語・母語」の間でゆれる日本語教師と学習者［OL］．［複言語・多言語教育研究］日本外国語教育推進機構会誌，No. 22014. pp47 ～ 59.

謝辞

まず、論文指導の曹春玲先生に感謝の意を表します。始めから最後まで、先生はいろいろアドバイスをくださいました。先生のご指導の下、論文はようやく完成しました。それから、学科の先生たちのおかげで、私は日本語を身につけることができるようになりました。心からお礼申し上げます。

指導教師からの評価

该论文是实证研究论文，选题新颖，整体构思比较清晰，校外评委予以认可，是篇良好论文。

该论文就中国民办高校日语专业在教学层面应该如何调动学生的兴趣和积极性进行研究，从学生选择学习日语的目的、原因，学习日语时的想法，以及在日语学习中如何突破瓶颈、解决遇到的困难和老师教学时可以采用的方法等入手，通过调查问卷的方式，结合量化分析，总结出了提高学生学习日语的兴趣和积极性的方法，以及受学生喜爱的教学方式。论文试图在教学方式与师生之间找到连接点，从一名本科专业日语学习者的角度出发，旨在为日语专业教育提供具有可借鉴性、可行性的教学理念和教学方案。

该实证研究论文对学生来说是很好的挑战和锻炼，但是调查项目的设计不尽如人意，还可细细打磨。作为该论文的指导教师，本人感同身受，虽然在修改论文时非常辛

苦，但也很欣慰，在师生共同努力下，学生圆满完成论文定稿和答辩，以良好的成绩顺利获得了学士学位。

出典：https://cn.bing.com/images/search?view=detailV2&ccid　20240124閲覧

6.2.1　スキル演習 I アンケート調査票の作り方

（本書の付録 A におけるアンケート調査表を参照）

アンケート調査を実施する上で重要となるのが調査票の作り方です。ここでは、アンケート調査を実施する方向けに、設問文・選択肢の書き方で気をつけるべき点や設問のテンプレート（様規；流程図模板）、設問作成のコツについてまとめてみました。

(1) 専門用語を避けること

専門用語や業界用語など使用すると、回答者にとってわかりにくく正確な回答を得ることが難しくなります。一般的な用語に置き換えるか、用語に対する注釈記載が必要です。たとえば、

「あなたが過去 3 ヶ月の間に利用したことのある国内線航空会社をすべてお知らせください。（いくつでも）」

JL (JAL)（×）	□日本航空（JAL）
NH (ANA)（×）	□全日本空輸（ANA）
BC (SKY)（×）	□スカイマークエアラインズ（SKY）
HD (ADO)（×）	□エアドっノ　北海道国際航空（ADO）
その他（　　　　）	□その他（　　　　）
航空会社は利用していない	□航空会社は利用していない

(2) 曖昧な表現やわかりにくい表現を避けること

曖昧な表現やわかりにくい言葉は回答者の誤解や解釈の違いを生む可能性が高いです。質問の主旨を明確にし、わかりやすい言葉で表現する必要があります。たとえば、

「あなたはサッカーをどのくらい見ますか。×」わかりにくい文です。

「あなたはテレビ中継でサッカーをどのくらい見ますか。〇」（ひとつだけ）

よく見る　　　時々見る　　　あまり見ない　　　まったく見ない

(3) 代表的な選択肢の不備を避けること

　本来多くの回答が集中するであろう代表的な選択肢が抜けていることがあります。選択肢を設計する際には、選択肢に漏れがないか確認することが必要です。たとえば、「スマートフオンで利用したことがある機能は次のうちどれですか。」(いくつでも)

インターネット閲覧　　　　　　　□インターネット閲覧
メール　　　　　　　　　　　　　□メール
文書管理　　　　　　　　　　　　□SNS
音楽・動画　　　　　　　　　　　□ゲーム
その他（　　　　　　　）　　　　□地図・交通情報
いずれの機能も利用したことはない　□辞書
　（よくない選択肢の設定）　　　　□文書管理
　　　　　　　　　　　　　　　　□音楽・動画
　　　　　　　　　　　　　　　　□その他（　　　　　　　）
　　　　　　　　　　　　　　　　□いずれの機能も利用したことはない

　では、ここまで説明したように、アンケート調査には、有用な回答データを収集するには、作成の基本と注意点をしっかり把握しておく必要があります。

6.2.2　スキル演習Ⅱ この論文を読み取るトレーニング

　この論文を読み取るトレーニングをするために、以下のワークシートを、各々の項目の提示に沿って完成してみましょう。
　① この論文のアウトラインを並べてみましょう。
　② この論文の専門用語を抜き出しましょう。
　③ この論文の序論に書かれている内容は何かを書き出しましょう。
　　　研究背景
　　　先行研究
　　　研究目的
　　　研究方法
　　　論文構成
　④ 本論の場合。
　この論文の本論はどのように膨らませているのかを考えましょう。
本論における各々の章や節に書かれている内容を整理しましょう。
　⑤ 結論の場合。
この論文の結論について200字でまとめてください。

⑥ 要旨の場合。

この論文の要旨を日本語と中国語それぞれ300字ぐらいで短くまとめてみてください。

【日本語要旨】

【中国語要旨】

⑦ この論文のキーワードを両言語で五つずつ選択してください。

【日本語キーワード】

【中国語キーワード】

6.2.3 スキル演習Ⅲ この論文についての評価

この論文をすでに読み終えました。いろいろなスキル演習や訓練もやりました。では、この論文から何を学びましたか。例えば、わかったこと、わかっていないこと、足りないことなどについて考えましょう。ここで中国語も日本語もかまわないので、その評価を200字くらいで陳述してみましょう。

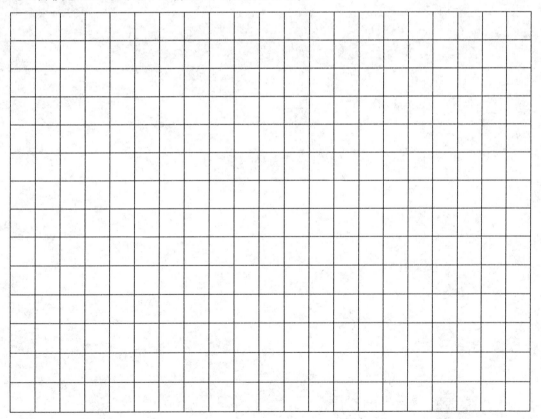

7　卒論発表の実践マニュアル

卒論発表は、中国語で「卒業論文答弁」と呼びます。大学時代では最後の段階であり、卒論発表は学術的な行為です。卒論発表とは、卒業論文の内容について教授や指導教官をはじめとする先生方（大学・学部などによって異なる）、ゼミの同級生や後輩たちの前で行ういわゆる卒業論文の「プレゼンテーション」です。

プレゼンテーション（presentation）とは、企画や意図に対する理解を促すために効果的な説明を行うことを指します。プレゼンテーションの目的は「聴き手に行動してもらうこと」です。プレゼンテーションの略語はプレゼンです。

7.1 プレゼン資料の作成

まず、プレゼンの大事なポイントを覚えるようにしましょう。今まで、私たちの導いた研究や調査の結果をわかりやすく伝えるうえで大事なポイントを四つ念頭に置きましょう。

(1) あらかじめプレゼン原稿を用意しておくこと

発表用の原稿をあらかじめ用意するというのは、誰しもが例外なく準備すべきと言っても過言ではありません。

(2) わかりやすく論理的に話す

発表原稿やプレゼンテーション資料は背景→手法→結果→結果の解釈→考察・結論を意識して作成するようにしましょう。

(3) 図表を効果的に用いる

図表（グラフ・表）を取り入れることで視覚の面からも理解が深まりやすくなります。たとえ論文の中になかったとしても、卒論発表用に新たに図表を用意することで、聞き手が見る際に発表内容が理解しやすくなります。

(4) 過剰に飾り立てない

効果的なスライドを作るためには、色や装飾などの多用は禁物です。

それでは、プレゼンの実例を見ていきましょう。

この卒論発表のプレゼン実例は2023年春の卒論発表会で、筆者が指導した学生のプレゼン資料です。プレゼンの原稿作成に際しては、次の五つの点を考えながら発表原稿を作成するようにしましょう。

① 一文を極力短くする。
　　每个句子尽量简短。
② 大きな話から小さな話に入る。
　　要从宏观叙事进入微观的具体事例。

③ 専門用語を不必要に使わない。
　　不到万不得已不要使用专业术语。
④ 主語と述語と目的語をはっきりさせる。
　　要明确主语、谓语和宾语。
⑤ 書いたら添削してもらう。
　　写完后要进行修改。
では、プレゼンの実例を見ていきましょう。

スライド1：	表紙－論文の主題、学生の名前、学生番号
	私立大学における学生の日本語学習意欲についての調査研究 名前：○○○　　学生番号：20250103033
スライド2：	目次－発表の流れ
	目次 ▸ 1. 研究背景・先行研究 ▸ 2. 研究目的・研究方法・論文構成 ▸ 3. アンケート調査結果の分析と考察 ▸ 4. 結論 ▸ 5. 今後の課題
スライド3：	研究背景
	1. 研究背景 研究背景は、特にゼロからスタートする学生にとって、日本語学習の興味の育成は大変重要であると考えれている。学生に向け教授法や勉強法などをもう一度工夫しなければならない。したがって、学生の学習意欲を高めるために、その高める着眼点を見つけることは割と考えるようになる。
スライド4：	先行研究－なぜ先行研究を読まなければならないか。
	1. 先行研究 陳佳（2008）の研究は、日本文化の導入することによって、学生の学習興味を高めているとされています。 邱婷と陳玉燕（2018）の研究による、教師が大学の日本語教育の際には、日本語は言語であり、私たちの生活の中ではあまり使われない言語であることを認識しなければならないと述べられました。 藤田百子（2019）の研究結果から、「教室活動」は「カリキュラム設計の一部であり、教育実践そのもの」ということを強調しているとされている。

スライド5: 研究目的と方法をはっきり述べるように工夫。

2. 研究目的・研究方法

研究目的は、自身の学習経験によって、日本語専攻教育がどのようにして、日本語学習者の積極性を引き出すことができるかについて調査することです。

研究方法は、実証研究です。先行研究を踏まえて、論文テーマに関わる資料を集め、大学生にアンケート調査を実施します。

スライド6: 論文の構成―マインドマップの形で一目瞭然。

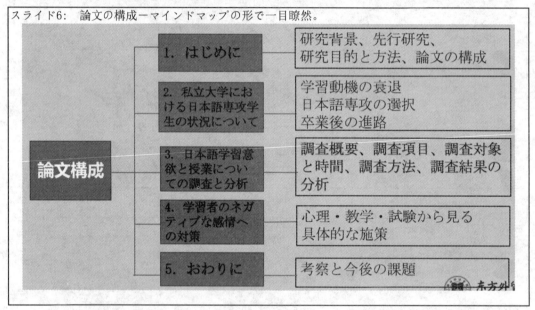

スライド7: 3. アンケート調査結果の分析と考察―図1

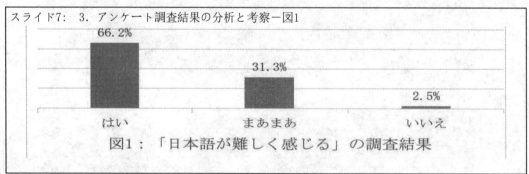

図1:「日本語が難しく感じる」の調査結果

スライド8: 3. アンケート調査結果の分析と考察－図2

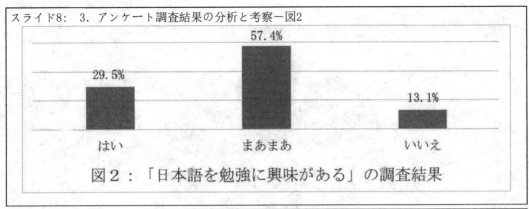

図2:「日本語を勉強に興味がある」の調査結果

スライド9: 3. アンケート調査結果の分析と考察－図3

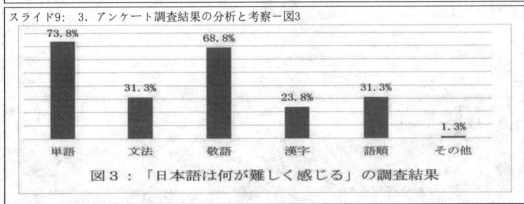

図3:「日本語は何が難しく感じる」の調査結果

スライド10: 3. アンケート調査結果の分析と考察－図4

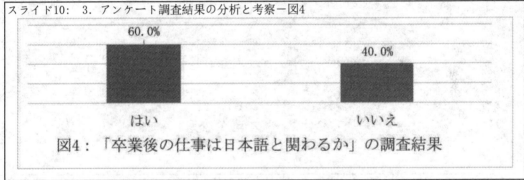

図4:「卒業後の仕事は日本語と関わるか」の調査結果

スライド11: 3. アンケート調査結果の分析と考察－図5

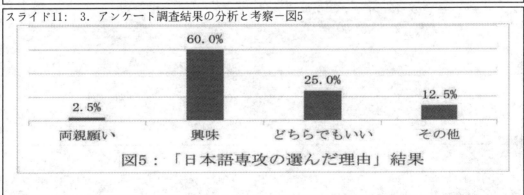

図5:「日本語専攻の選んだ理由」結果

スライド12: 3. アンケート調査結果の分析と考察－図6

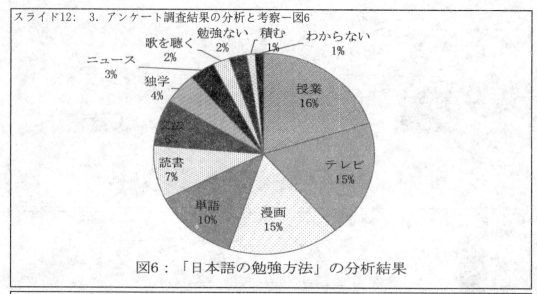

図6:「日本語の勉強方法」の分析結果

スライド13: 4. 結論－自分の書いた論文が何を問題とし、どのような方法で、どのような根拠から、どのような解を与えたのかについては、本論の部分で十分な議論をしているはずで、これらを簡潔にまとめるようにしましょう。

　　私立大学における日本語専攻学生の学習意欲と授業について調査結果から、学習者が日本語の和語、外来語と敬語は難しいと感じることがわかった。そのネガティブな感情を生みやすいことも事実であることも明らかになった。
　　人生におけるさまざまな段階で必要となるスキルとそれを支える日本語・知恵も・人とのつながりが大切であることも示してくれた。その提案は、
　　大学側：相関設備を提供し、学生の心理的な健康を重視しましょう。
　　学生側：この専攻を理解し、自分の興味を育てましょう。
　　教師側：情景教授法やスキルや話題を実行しましょう。
　　クラス側：ゲームや忘年会などの伝統的な日本行事、活動などを行い、
　　　　　　学生をグループに分けて勉強できるようにしましょう。

スライド14: 最後のスライドです。感謝の意を表しましょう。

ご清聴ありがとうございます。

Thank you for listening

　このようなプレゼンテーションの実例を詳しく参照し、ネットを検索して自分の研究方向に関わる学術論文を読み、自分なりのプレゼンを作ってみましょう。それらを、自分の卒論発表の時には、必ず参考とするよう心掛けましょう。

7.2 発表における実用表現

　卒論発表の原稿の構成は、基本的に、背景における先行研究と既存の知見・問題意識、研究目的、研究方法、研究結果、考察、今後の課題です。これは卒論と一緒です。
　ただし、卒論発表にはさまざまな文章表現があります。見ていきましょう。

(1) 先行研究と既存知見でよく用いる文型や文章表現

～によれば～ということがわかっています。（先行研究事例を挙げるとき）
一般的に～と言われています。（世間やその分野で一般的に言われていることを挙げるとき）
～とは～です。（何かを説明するとき）

(2) 問題提起でよく用いる文型や文章表現

しかしながら～という点は明らかになっていません。（先行研究の穴を指摘するとき）
～という点はこれまで検討された例がないと思われます。（新しい着眼点を持ち出すとき）
～についてはより詳しい調査が必要とされています。（対象についてより詳しく調べる必要性を主張するとき）
～という仮説を立て、検証を行いました。（仮説検証を行うとき）

(3) 研究目的でよく用いる文型や文章表現

そこで、本研究・本論文は～について検討しました。
以上の背景から、本研究・本論文では～について調査を行いました。
本研究・本論文の目的は～を示すことです。

(4) 研究方法でよく用いる文型や文章表現

～を用意し、～という条件の下で～を行いました。（実験の条件を示すとき）
～で～について調査を行いました。（調査の場所や方法を示すとき）
得られたデータを～という方法で評価（分析）しました。（分析方法などを示すとき）

(5) 実験や調査によって得られた結果を示すためによく用いる文型や文章表現

～という結果が得られました。（得られたデータを示すとき）
～の結果を示したのがこのグラフです。（データをまとめたグラフを示すとき）
得られた結果を表に示します。（表でデータを示すとき）

(6) 考察でよく用いる文型や文章表現

～であることが確かめられました。（何かを証明したとき）
～とは言えないことが明らかになりました。（何かを否定したとき）

～を～の点から考察します。（考察の方向性を示すとき）

　結果と自分の分析から導き出される考察を示します。自分の考えとその根拠を、論理的に述べることです。

～である可能性があります。（断定はできないが、可能性を示すとき）

(7) 今後の課題でよく用いる文型や文章表現

～についてはより詳しい検討が必要です。（カバーできていない問題について述べるとき）

　今後は～について検討していこうと考えています。（今後自分で研究を進める対象について述べるとき）

　～については本研究・本論文では、取り扱いませんでしたが、～のためには調査が必要かと思われます。（やらなかったが、誰かにやってほしいと丸投げするとき）

　今後自分の卒論発表において原稿を作成するときには、これらの文型や文章表現を使うようにしましょう。

7.3　卒論の模擬発表の実施

　この節では、卒論発表の直前にやらなければならないことを取り上げます。本番の発表の時に、決められた時間内に話ができる自信をつけられるよう、他者に聴衆になってもらいます。実際に発表の原稿を繰り返して練習し、原稿内容を暗記し、本番と同じようにリハーサルを行いましょう。

　原稿の実例を見てみましょう。

2025年5月10日（金）

　日本語専攻の桂林洋と申します。よろしくお願いします。
　私は、日本語教育をどのように進めれば学生の日本語学習意欲を高めることができるかについて、「日本語学習意欲についてのアンケート調査」を本論文で行ってみました。**→まず研究目的を一言で**
まず、本論文を行う背景を説明します。
　日本語専攻の学生は、ほとんどがゼロからスタートする学生です。これらに対して、日本語学習の興味の育成は大変重要であると考えられます。学生に向けた教授法や勉強法、カリキュラム設計などをもっと工夫しなければなりません。**→以下、先行研究と既存の知見が続く**
　先行研究によれば、呉瓊（2019）の「情景式教育モデルの大学日本語教育における応用」、藤田百子（2019）は『小林ミナ著　日本語教育よくわかる教授法「コース・デザイン」から「外国語教授法の歴史の変遷」まで』において、「教室活動」は「カリキュラム設計の一部であり、教育実践そのもの」であると述べており、どのような「教室活動」を行うかは十分検討に値します。
　しかしながら、これらの問題が筆者の大学でどうなるのかについては定かではありません。**→問題提起**

> そこで本研究・本論文では、自身の学習経験に基づき、本大学の日本語専攻教育がどのようにして日本語学習者の積極性を引き出すことができるかについて調査することを試みました。→**研究の目的**
>
> 　調査方法について説明いたします。→**以下、研究方法**
>
> 　「私立大学における学生の日本語学習意欲と授業についての調査研究」アンケート調査を実施しました。その調査結果について示します。→**以下、結果**
>
> 　本大学に在学中の日本語専攻の学生80人に回答してもらいました。分析結果から、私立大学における日本語専攻学生の学習意欲と授業についてのことが明らかになりました。六割以上の学生が日本語は難しいと感じていることもわかりました。学習者が難しく感じているところは単語と敬語で、ここからネガティブな感情が生まれやすいことも事実です。教師は学生の学習興味を育成するために工夫しなければならないと筆者は考えます。大学側は学生に対する心理的な健康を重視する必要があり、教授法やテストについても多様化されるよう望んでいます。**（図や表で示す）**
>
> 　……と関係があることが示唆されました。→**以下、考察**
>
> 　今後は、……のか、より詳しい検討が必要です。→**今後の課題**
>
> 　以上で、本研究・本論文の発表を終わりにします。ご静聴ありがとうございました。

　この実例を活用しましょう。自分の番が来る場合には、この原稿を真似して自分の主題に関わる原稿を完成するようにしましょう。こうするこそ、卒論の発表はきっと順調に進むのでしよう。

参考文献

[1]石黒圭・熊田美智子・筒井千絵・山田裕美子編著（2018）読解トレーニング・読む力アップする 15 ポイント．北京：外語教学と研究出版社

[2]友松悦子・宮本淳・和栗雅子（2009）どんな時・どう使う日本語表現文型辞典．東京・アルク

[3]https://www2.kobe-u.ac.jp/~kawabat/.pdf 実証論文の書き方　20220708 閲覧

[4]https://datachemeng.com/merits_of_writing_papers_for_students/ 学生が論文を書くことの学生にとっての 10 のメリット 20220709 閲覧

[5]A. K. Cohen. Delinquent Boys (1955, The Free Press, U. S. A.)

[6]D. Arnold. (ed.) The Sociology of Subcultures (1970, Glendessary Press, U. S. A.)

[7]T・ローザック著、稲見芳勝・風間禎三郎訳『対抗文化の思想』（1972・ダイヤモンド社）、小学館　日本大百科全書(ニッポニカ)

[8]https://kotobank.jp/word/ サブカルチャー 20220729 閲覧

[9]アカデミック・ジャパニーズ研究会編著（2015：104-145）『大学・大学院留学生の日本語（3）論文読解編』（改訂版）東京．アルク

[10]https://kokugoryokuup.com/sub-culture-meaning/ サブカルチャーとは 20220729 閲覧

[11]曹春玲，汤伊心（2016）日语毕业论文构思与写作技巧[M]．武汉：华中科技大学出版社

[12]出典：https://www.bunka.go.jp/seisaku/kokugo_nihongo/kyoiku/ 日本語教育の推進に関する法律について 20220719 閲覧

[13]曹春玲「日本語教育に見られる日中敬語の特徴」『NIDABA』第 41 号．西日本言語学会 2012 年（平成 24 年）pp. 31-40

[14]严红君，张国娟主編『標準商務日語礼儀』（第二版）北京：外语教学与研究出版社

[15]https://www.kokusai-enkaku-kyoiku.co.jp/column/03-ibunkacommunication-system- 性別・世代間にも存在する異文化コミュニケーション 20230801 閲覧

[16]『異文化コミュニケーション』G・ホフステード，G・J・ホフステード，M・ミンコフ、『多文化世界』有斐閣．2014

[17]異文化コミュニケーションと国際理解 https://reitaku.repo.nii.ac.jp/ 20220714 閲覧

[18]https://www.nihongo-appliedlinguistics.net/wp/archives/10356- テンス 20230803 閲覧

[19]https://www.wikihow.jp/ 論文の要旨を書く 20230803 閲覧

［20］https：//slack.com/intl/ja-jp/blog/transformation/what-is-the-communication-gap# コミュニケーションギャップとは情報が正しく伝わらない状態 20230806 閲覧

［21］https：//soturon.com/soturon-presentaition-manuscript/= 卒論発表 20230809 閲覧

［22］https：//vwp880665.kagoyacloud.com/wp-content/uploads/2020/10/%E68B.pdf= 概要とグラム 202308009 閲覧

［23］https：//gakumado.mynavi.jp/gmd/articles/53372#:~:text= 卒論について 20230809 閲覧

［24］https：//nihongokyoshi-net.com/2019/05/13/jlptn3-grammar-nishitagatte/ 20230811 閲覧

［25］目標達成イラストの出典：https：//www.kilpparit.net/ 20230903 閲覧

［26］イラスト出典：http：//share-study.net/difference_report_thesis/ レポートと論文の違い 20230903 閲覧

［27］イラスト出典：https：//cn.bing.com/images/search- 先行研究って？ 20240128 閲覧

付　録

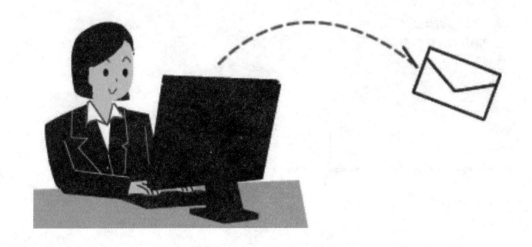

A アンケート調査の報告

男子大学生が女性に求める本当の条件

目　次
1. 調査概要
　1.1 調査目的
　1.2 調査時期
　1.3 調査対象
2. 調査項目の経緯
　2.1 調査項目の選択
　2.2 調査項目の決定
3. 調査結果について
　3.1 調査方法と回収
　3.2 調査結果の分析
　3.3 まとめ
4. 考察
参考文献
謝辞
付録

****

1．調査概要

1.1 調査背景と目的

　調査背景について述べる。昨今の社会で婚活は当たり前となってきた。婚活は恋愛とは異なり、これからの長い人生を共に歩むパートナーを探す活動なわけであるから、無理をして相手に合わせたり、あなたらしく居られない相手とカップルになったとしても、その先を維持することは限りなく難しくなる可能性がある。
　早く相手と巡り合いたい、結婚にこぎつけたいという想いは、とてもよく分かる。そのためには男性側の考えを知っておくことも大切である。今日は婚活男性が求める女性の条件について考えていきたいと思う。
　そのため、今回は男子学生が求める女性の条件についてアンケート調査をしたい。「男子大学生が女性に求める本当の条件」について、どのように感じているかを調べるのが目的である。

1.2 調査時期

2022年11月17日から11月24日まで

1.3 調査対象

海口経済学院における各々の学部の男子学生のみ

2. 調査項目の経緯

2.1 調査項目の選択

　まず、日本のインターネットから『男性が「理想の女性」に求める条件』と『理想の女性を求める』という文章を読んで分析してみた。その中で十五項目を選択することにした。

　次に、〇〇〇〇級クラスの男子大学生のみで、その既定された十五項目の中で気になるものにチェックを入れてもらい、頻度の高いものを上位に並べ、上から五つをピックアップした。

2.2 調査項目の決定

　アンケート調査の項目として上位五項目を決定した。具体的には次のとおりである。
　（1）誠実で素直
　（2）男性の仕事を理解してくれる
　（3）性格の相性や価値観の一致
　（4）明るくて元気
　（5）おおらかで包容力がある
　そこで、これらの五つの項目について今回はアンケート調査を行うことにした。

3. 調査結果について

3.1 調査方法と回収

　まず、授業で担当教師からアンケート調査表をもらう。一人五枚ずつである。授業が終わったあとの一週間で、学生たちは、大学のキャンパスの通りや食堂などの場所で、ランダムなやり方で調査対象者に頼んで、その場でアンケート票を記入してもらった。その次の授業で、調査票を宿題として全て担任の先生に提出し、担当教師がデータシートを作成することとした。回収結果は有効回収数346人、全て男子学生である。有効回収率は約90％であった。

表1: 担当教師曹春玲（2022）が作成したデータシートのイメージ

N=346	①誠実で素直			②男性の仕事を理解してくれる			③性格の相性や価値観の一致			④明るくて元気			⑤おおらかで包容力がある		
1	1				1			1			1			1	
2		1				1		1			1				1
3		1					1	1				1		1	
4		1			1			1			1			1	
5		1			1			1			1			1	

　表1のデータシートの「N」とは、比率算出の基数を表すものである。原則として回答者総数（346人）のことである。百分比は小数点第2位で四捨五入し、小数点第1位までを表示した。

3.2 調査結果の分析

　ここからは、五項目の分析結果について上のデータに基づいて述べていくこととする。個々の項目の詳細を提示する前に、まずは全体の結果を示す。

　男子大学生が女性に求める本当の条件の分析は、「誠実で素直、男性の仕事を理解してくれる、性格の相性や価値観の一致、明るくて元気、おおらかで包容力がある」の五項目を分析対象とした。その上で、全体像の傾向をつかむ目的から、各項目への回答総数を基準としてカウントした。今回の調査における五項目の特徴（図1）を見ていく。

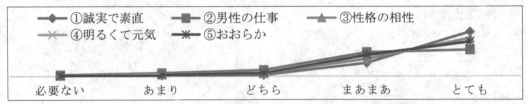

図1:「男子大学が女性に求める本当の条件」の全体像

　図1の形から、この五項目の全体像が見え、共通の特徴も出てきた。「とても必要」の回答は最も多く、どの項目でもその割合が高い頻度であった。一方、いずれの項目でも「必要ない」の回答は少なかった。

　これら五項目に回答する際は、「とても必要、まあまあ必要、どちらでもいい、あまり必要ない、必要ない」の選択肢があり、そのうち一つを選択してもらう。その調査結果がどのように異なるかを見ていく。その分布状況を個々の項目ごとに集計した結果は次の図2から図6までである。

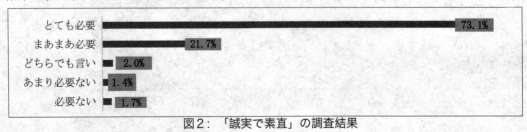

図2:「誠実で素直」の調査結果

図2では、「とても必要」の答えが圧倒的に多い結果（73.1%）となった。次に「まあまあ必要」（21.7%）が続いた。「どちらでもいい」、「あまり必要ない」、「必要ない」の回答の頻度はいずれも低かった（2%以下）。男子大学生の中で、女性に「誠実で素直」が必要だと思っている人は九割以上を占めることがわかった。

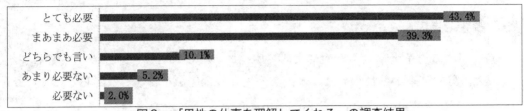

図3：「男性の仕事を理解してくれる」の調査結果

　図3では、「とても必要」（43.4%）と「まあまあ必要」（39.3%）の回答結果を合わせると、82.7%にも上る。ここから、ほとんどの男子学生は、女性に自分の仕事を理解してほしいという気持ちが必要だと思っていることがわかる。

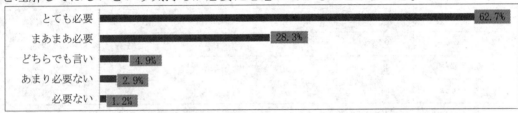

図4：「性格の相性や価値観の一致」の調査結果

　図4では、「とても必要」と考えている男性が62.7%、「まあまあ必要」と考えている男性も28.3%という結果となった。「性格の相性や価値観の一致」について、男子学生にとっての重要さがよくわかった。

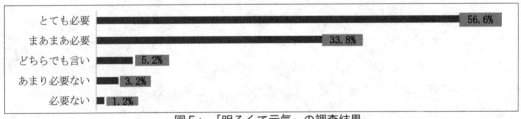

図5：「明るくて元気」の調査結果

　図5では、「とても必要」（56.6%）が最も多く、次いで「まあまあ必要」が33.8%を占めている。この結果から、女性に対して「明るくて元気」という性格は男子学生が求めている本当の条件の一つであると考えられる。

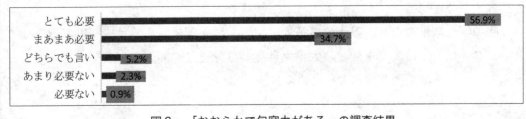

図6：「おおらかで包容力がある」の調査結果

「おおらかで包容力がある」（図6）については、「とても必要」（56.9%）と答えてくれた人が最も多かった。「まあまあ必要」（34.7%）の結果は図5の結果とほぼ同様である。女性にとっては、おおらかで包容力がある性格は何よりであると思われる。

3.3 調査結果のまとめ

今回は現代の男子大学生が女性に求める本当の条件について、アンケート調査を行ってみた。分析結果からわかったことを次の表2の全体像を参照しながら述べていく。

表2：①—⑤における各々の選択肢についての調査結果

選択肢	項目				
	①	②	③	④	⑤
とても必要	73.1%	43.45%	72.7%	56.6%	56.9%
まあまあ必要	21.7%	39.3%	28.3%	33.8%	34.7%
どちらでもいい	2.0%	10.1%	4.9%	5.2%	5.2%
あまり必要ない	1.4%	5.2%	2.9%	3.2%	2.3%
必要ない	1.7%	2.0%	1.2%	1.2%	0.9%

注：①誠実で素直、②男性の仕事を理解してくれる、③性格の相性や価値観の一致、④明るくて元気、⑤おおらかで包容力がある。

表2を見ると、今回の調査結果は一目瞭然である。現代男子大学生が女性に求めている本当の条件の調査結果は意義深い結果を示している。どの項目も「とても必要」の回答者が最も多く、続いて「まあまあ必要」となっている。ほぼ9割以上の男子学生が、明るくてポジティブなスタイルの女性に対し、理想的なイメージを抱いていると考えられる。元気な性格で、男性の仕事への理解があり、包容力がある女性であれば、男性にとって魅力的であると言えよう。女性にとってその価値観や心の広さも何より大切だと思われる。これにより、昨今の男子学生が女性に求めている条件が明らかになった。

現代の大学生は常にロマンチックな雰囲気を造り、それは結婚を前提とすることを強調しているのであろう。大学生の恋愛に存在する問題と誤解を理解し、パートナーの選択観を合理的に確立するように導くことができるかもしれない。

今回の調査結果により、現代の男子大学生の結婚相手に対するニーズと好みを知ることができた。この調査を通じ、大学生自身も自分を見つめ直し、自分磨きをすることもでき、少子化問題を緩和するためにも、役立つこととなるであろう。

4．考察

　今回の調査結果によれば、現代の男女の付き合いは誠実でこそ長続きすることがわかった。その意味で、二人の間が十分に素直でなければ、長続きすることもない。感情の世界では、男性と女性はお互いを尊重し、よくコミュニケーションを取り、誤解や矛盾を減らすべきである。性格の違う人が一緒にいると摩擦が多くなるが、世界観、価値観、人生観という三観が通じていれば、仲良く、一緒に長くいる可能性も高くなる。

　男女とも明るく活発であることは非常に重要なことである。社会的プレッシャーがますます大きくなり、ストレスが溜まりやすく、誰しも疲れを感じるようになっている。もし明るい女性、あるいは男性がそばにいれば、よりリラックスでき、気分も良くなり、ストレスも解消できるのであろう。包容力は男女の間でとても大切であり、人と人との付き合いはお互い様である。作者から見れば、男性であろうか女性であろうか、その誠実さ、相互理解、包容力は必要なものである。

参考文献

［1］　https://woman.mynavi.jp/article/151208-37/　2021年11月15日閲覧

［2］　ソムブラキット・パーリチャット（2012）女子大生が男性に求めている条件［R］日本語－日本文化研修留学生修了レポート集（2011-2012）お茶の水大学グローバル教育センター

［3］　阎晓军（2002）中日大学生择偶心理的比较研究［J］.当代青年研究,（05）

［4］　https://onet.co.jp/marriage_column/2657.html＝婚活で女性が男性に求めている条件の正体.20200811閲覧

［5］　https://angelite-salon.com/blog/josei-ga-motomeru-joken＝女性が結婚相手の男性に求める条件ランキング　20230811閲覧

謝辞

　本調査報告を完成させたことは、お世話になった担当教師のウラン先生や多くの方のおかげだと思います。この場を借りてお世話になった方々に謹んで深厚なる感謝の意を表させていただきます。

　ちなみに、このアンケート調査報告書は本書に書かれている筆者の学生たちでした。筆者が『学術写作と研究方法』という授業を担当しているときに、このようなレポートは期末試験でよく学生たちに書かせてもらいました。ここで学生たちに感謝の意を表します。

付録

日本語版のアンケート調査票

「男子大学生が女性に求める本当の条件」の調査とお願い

アンケート調査にご協力いただき、ありがとうございます。

　このアンケート調査は、『男子大学生が女性に求める本当の条件』について、どのように感じているかを調べる目的で行うものです。回答は無記名で結構です。お寄せいただいた回答は、研究目的以外では一切使用しないことを約束いたします。

　問い合わせ先：東方外貿外国語学院　ウラン先生
　　　　　　E-mail：1036269548＠qq.com

　＊＊＊＊＊＊＊＊＊＊＊＊＊＊＊＊＊＊＊＊＊＊＊＊＊＊＊＊＊＊

調査項目：理想の女性に求める本当の条件に関して5つの問いがあります。

　それぞれの項目には5つの選択肢があります。その中から最もふさわしいものを一つ選んでチェックを入れてください。

(1) 誠実で素直
　　　とても必要　　まあまあ必要　　どちらでもいい　　あまり必要ない　　必要ない

(2) 男性の仕事を理解してくれる
　　　とても必要　　まあまあ必要　　どちらでもいい　　あまり必要ない　　必要ない

(3) 性格の相性や価値観の一致
　　　とても必要　　まあまあ必要　　どちらでもいい　　あまり必要ない　　必要ない

(4) 明るくて元気
　　　とても必要　　まあまあ必要　　どちらでもいい　　あまり必要ない　　必要ない

(5) おおらかで包容力がある
　　　とても必要　　まあまあ必要　　どちらでもいい　　あまり必要ない　　必要ない

中国語版のアンケート調査票

《男大学生追求女性所具备的真正条件》问卷调查

感谢您协助本次问卷调查：
　　本次问卷调查的主要目的是调查"男大学生追求女性所具备的真正条件"。调查实行无记名回答。我们承诺，本次调查仅用于此次研究，不做他用。
咨　　询：东方外贸外语学院　乌兰老师
E-mail：1036269548@qq.com
＊＊＊＊＊＊＊＊＊＊＊＊＊＊＊＊＊＊＊＊＊＊＊＊＊＊＊＊＊＊
调查项目：男大学生追求女性所具备的真正条件
　　每个问题都有5个选项，请在每个项中选择一项画"○"或画"√"。
(1) 真诚坦率
　　　非常必要　　　一般必要　　　不清楚　　　没什么必要　　　没必要
(2) 理解男友的工作
　　　非常必要　　　一般必要　　　不清楚　　　没什么必要　　　没必要
(3) 性格相投，价值观一样
　　　非常必要　　　一般必要　　　不清楚　　　没什么必要　　　没必要
(4) 开朗健康
　　　非常必要　　　一般必要　　　不清楚　　　没什么必要　　　没必要
(5) 心胸开阔，有包容力
　　　非常必要　　　一般必要　　　不清楚　　　没什么必要　　　没必要

B　特に気をつけたい文法用語

1．文法とは

　　文法とは、文章を書く時の決まりです。決まりを体系的に理解していなくても、全体像はできます。しかし誰かに向けて書く文章や、ビジネス向けの会話や文章では、正しい日本語であることが求められます。文法が間違っていることで言いたいことを正しく理解してもらえなかったり、間違った意味で理解されたりすることがあるためです。
　　语法是书写句子时的规则。我们在没有系统地了解语法规则的情况下也可以阅读和写作，但是，在给他人写东西时，或在商务演讲或写商务文章时，就要求正确使用日语语法，因为不正确的语法会导致误解或误会。
　　筆者らの経験から言えば、日本語における文法用語、とくに連語を上手に使いこなすことはかなり難しさがあると思います。皆さんは卒論を書くときに、文法用語をうまく用いるように頑張りましょう。

从笔者的经验来看，日语的语法或者句型，特别是词组，很难用好。大家在写毕业论文时，请尽量准确使用文法与句型。

2．分類と用例

（1）文末表現方式／句末表达方式

文末表現とは、文字通り文の終わり方のことを指します。文末は、動詞で終わるもの、断定の助動詞で終わるもの、体言止めのパターンなどに分けられます。同じパターンが繰り返されると単調かつ稚拙とみなされやすい文章になってしまうので、国語教育の場でもこれらのパターンを適度に混ぜることが推奨されています。

句末表达的字面意思指句子的结尾部分。句末表达分为以动词结尾的形式、以断定助动词结尾的形式、以体言结尾的形式等。同样的模式反复出现在文章中，会使句子显得单调、幼稚，因此，在日语教学中，建议将这些不同的表达形式适度混用。

「体言」は、意味的には実体概念を表し、職能的には主格・目的格などにたつことができ、形態的には語形変化（活用）をしないという特徴をもつが、そのうちのいずれを重視するかによって、体言の中身が変わることがあります。

"体言"在意义上表示实体性概念，在语法功能上可以作主语、宾语等，在形态上具有不进行词形变化（活用）的特征，但强调其中某个方面时，体言的内容有时也会发生变化。

No.	日本語	中国語の意味	用例
1	～なければならない	必须……	明日、部屋代を払わなければならない。
2	～なくてはいけない	必须是……	一流企業に就職するには高学歴でなくてはいけない。
3	～てはいけない	不许……	写真を撮ってはいけません。
4	～てもいい	……也可以	週末だから、少し早く帰ってもいいよ。
5	～てください	请……	モデル論文の序論を読んでください。
6	～ずにはいられない	忍不住……	その本は面白いから、最後まで読まずにはいられない。
7	～ざるをえない	不得不……	会社が倒産したのは、社長に責任があると言わざるを得ない。
8	～かねない	可能会……	最近のマスコミの過剰な報道は、無関係な人を傷つけることにもなりかねない。p 54
9	～ほうがいい	最好……	健康のために、できるだけ運動したほうがいい。
10	～わけにはいかない	不能……	資源問題が深刻になってきて、企業もこれを無視するわけにはいかない。

No.	日本語	中国語の意味	用例
11	～ことがある	有时会……	大雪の時は、電車が遅れる**ことがある**。**p81**
12	～ことにする	決定…… 有自己的意志	海外に駐在が決まったのだが、今回は1年ぐらいなので、家族を連れて行かない**ことにした**。
13	～ことになる	決定…… 无自己的意志 总之变成了……	入社式でスピーチをする**ことになった**。(決定) 彼は出張中だったのだから、その時東京にはいなかった**ことになる**。（結局）**p91**
14	～ことができる	可以／能……	ロボットは危険な所でも仕事をする**ことができる**。**p81**
15	～わけではない	未必……	自動車立国だからといって日本人が皆車を持っている**わけではない**。
16	～というわけだ	也就是说……	この塾で3ヶ月勉強すれば、N2を取得できる**というわけだ**。
17	～とはかぎらない	未必……	東京に住んでいたからといって、必ずしも日本語がうまい**とは限らない**。**p 251**
18	～のだろう	推測 （原因、理由） 強調 （非常……）	ヨーロッパへの旅行に行く観光客は中国、韓国、日本の順になっている**のだろう**。(推量、可能) 新しい芽が萌え出す新緑とはなんと美しい**のだろう**。（強調の気持ち）**p 147**
19	～のではないか	让人吃惊的…… 不是……吗？	朝起きてみたら、何年も咲かなかった花が咲いている**ではないか**。（感動）**p 195** 彼女はあなたのことをあんなに心配している**のではありませんか**。連絡してあげたらどうですか。（判断）（ネットより）
20	～かもしれない	也许…… 说不定……	大学まで、電車で行くよりも、バスのほうが速い**かもしれません**。

（2）複合語表現形式／复合表达方式

複合語表現は、その機能により大きく次の二種類に分類することができます。
① 慣用句、内容語（名詞、動詞など）に相当するもの、例えば「手に入れる」、「顔を立てる」、「赤の他人」などです。
② 機能表現（複合辞）、機能語（助詞、助動詞など）に相当するもので、例えば「にもかかわらず」、「について」、「からには」などです。
ここで挙げられている複合語表現は、二番目の機能表現です。
复合表达式根据其功能大致可分为两类。
① 相当于惯用语、实词（名词、动词等），例如"得到""赏脸""陌生人"等。
② 相当于功能表达（复合词）、功能词（助词、助动词等），例如"尽管如此""关于""到"等。这里列举的复合表达式属于第二种功能表达式。

No.	日本語	中国語の意味	用例
1	とすれば	如果……	報告書の数字が間違っている**とすれば**、結論はまったく違うものになるだろう。p 242
2	としても	即使……也……	たとえ私が大金持ちだ**としても**、毎日遊んで暮らしたいとは思わない。
3	からといって	虽说……	アメリカに住んでいた**からといって**、英語がうまいとは限らない。
4	やいなや	一……就……	そのニュースが伝わる**や否や**、忽ち〔たちまち〕テレビ局に抗議の電話がかかってきた。
5	とたん	刚……	ドアを開けた**とたん**、猫が飛び込んできた。（辞書より）
6	ものなら	如果可以……话	スケジュールが自由になる**ものなら**、広島に1泊したいのだが、そうもいかない。p 385
7	につれて	随着…… 逐渐……	日本語が上手になる**につれて**、友達が増え、日本での生活が楽しくなってきた。p 312
8	にしたがって	随着……	スマホの普及**にしたがって**、私たちの生活は便利になった。（ネットより）
9	にともなって	随着……逐渐……	社会の情報化**に伴って**、数学的な考え方が重要性を増してきた。p 314
10	にあたって	在做……的时候	研究発表をする**にあたって**、しっかり準備をすることが必要だ。p 283
11	にもかかわらず	虽然……但是……	耳が不自由というハンディキャップ（障碍）がある**にもかかわらず**、彼は優秀な成績で大学を卒業した。p 317
12	だけではなく	不仅……也……	ワンピース（海賊王）は日本**だけじゃなく**、海外でも人気の漫画だ。（ネットより）
13	にしろ	就算是……也……	勤め先は小さい会社である**にしろ**、社員は就業規則を守らなければならない。p 303
14	にせよ	即使/无论……	どんなことをする**にせよ**、十分な計画と準備が必要だ。p 305

（3）補助動詞／补助动词

補助動詞（形式動詞）とは、本来の意味が失われている動詞のことです。

补助动词（形式动词）指失去原意的动词。

No.	日本語	中国語の意味	用例
1	～ている	正在…… 习惯的行为动作 变化结果的状态 最初开始的状态 经历与经验……	冷たい風が吹いています。p 168 林さんは貿易会社の社長をしている。p 169 田中さんは結婚しています。p 170 この道は海の方まで続いています。p 171 アポロ11号は1969年に月に着陸している。p 171
2	～てある	动作结果的存留	駅の壁にいろいろなポスターが貼ってある。p 164
3	～ておく	做好备着……	引っ越しは9月の初めだから、夏休みに国へ帰る前に準備をしておこうと思います。p 172
4	～てみる	试着做……	この新しいボールペンを使ってみました。p 199
5	～ていく 从现在到将来	顺序／先…… 变得…… 一直…… 移动状态……下去 方向性／去…… 接近／背离去……	中国へ行く前に中国語を勉強していきます。p 177 この町の人々の生活は少しずつ変わっていくだろう。（ネットから） これからもこの仕事を続けていくつもりです。p 178 日曜日に弟を動物園へ連れていきました。p 179 秋になると夏の鳥は南の国へ飛んでいきます。p 179 授業が始まって、学生たちが教室に入っていきます。p 180
6	～てくる 从过去到现在	出去回来 顺序／先…… 再…… 持续变得…… 一直…… 移动状态……过来 方向性／来…… 接近／背离来…… 出现变化……	じゃ、ちょっと手を洗ってきます。p 177 ……駅で地図をもらってきてください。p 177 日本語の授業はだんだん難しくなってきました。p 178 今まで都会で生活してきました。p 178 飛行機の中で眠ってきました。p 179 この川は富士山からこの町へ流れてくるのです。p 179 授業が終わって学生たちが教室から出てきます。p 180 お腹が痛くなってきた。p 181
7	～てしまう	……完 表示遗憾	この仕事はもっと時間がかかると思いましたが、30分で出来てしまいました。（完了）p 185 ライトをつけないで自転車に乗っていたので、警官に注意されてしまいました。（残念）p 186
8	～てあげる	给……	パーティーの後、中山さんは春子さんを家まで送ってあげました。p 163

续表

No.	日本語	中国語の意味	用例
9	～てくれる	给我……	中川さんはわたしの壊れたパソコンを直して**くれま**した。p 182
10	～てもらう	请求得到……	急にお金が必要になったので、友達にお金を貸して**もらった**。p 205
11	～はじめる	开始……	この地方で、桜が咲き**始める**のは、3月の終わりごろです。p 346
12	～つづく ～つづける	持续……	雨が降り**続く**。（辞書より） 私は小学校から高校まで12年間もこの学校に通い**続けました**。p 153
13	～おわる ～おえる	做完……	作文を書き**終わった**人は、この箱に入れてください。p 42 本を読み**終える**。（辞書より）

（4）複合助詞／复合助词

複合助詞・複合格助詞は、複数の語が結びついて、助詞の働きをするものです。たとえば、「に関して」、「に」＋「関して」などです。

复合助词由多个单词组合而成，在句中起助词作用。例如，"关于""に"＋"関して"等形式。

No.	日本語	中国語の意味	用例
1	～について	关于……	この町の歴史**について**調べています。p 311
2	～において ～における	在……	ポストコロナ時代、人々の価値観**においても**、ある小さな変化が見られる。p 286 経済界**における**彼の地位は高くはないが、彼の主張は注目されている。p 286
3	～にたいして ～にたいする	以……为対象 和……相比	青年の親**に対する**反抗心は、いつごろ生まれ、いつごろ消えるのだろうか。（为対象）p 308 日本海側では、冬、雪が多い**のに対して**、太平洋側では晴れの日が続く。（相比）p 309
4	～にかんして ～にかんする	关于……	本件**に関しては**現在調査しております。結論が出るまでもうしばらくお待ちください。p 293 この論文は日本の宗教史**に関する**部分の調べ方が少し足りない。p 293
5	～によって ～による	由于……	ABC店は一昨年からの不景気**によって**、ついに店を閉めることとなった。p 319 今回の地震**による**死者は100人以上になるようだ。p 319

续表

No.	日本語	中国語の意味	用例
6	〜にとって	对于……来说	石油は現代の工業**にとって**なくてはならない原料である。p 313
7	〜によれば 〜によると	根据……	妹からの手紙**によれば**、弟は今年、オーストラリアの自転車旅行を計画しているそうだ。p 322 経済専門家**によると**、円高傾向は今後も続くということだ。p 322
8	〜という	提示内容	日本では少子化がもっと進むだろう**という**記事を読んだ。p 215
9	〜として	作为…… 以……的名义	私は卒業論文のテーマ**として**資源の再利用の問題を取り上げることにした。p 239

文法用語出典：石黒圭等（2018：5）読解トレーニング・読む力アップする15ポイント．外语教学与研究出版社

例文出典：友松悦子・宮本純・和栗雅子（2007）どんな時どう使う日本語表現文型辞典．アルク

例文出典：https://nihongokyoshi-net.com/2019/05/13/jlptn3-grammar-nishitagatte/ 20230811閲覧

世界有太多的东西需要我们去熟悉和探索，绝对不仅仅局限于学习他国的语言。语言只是一种工具，比它更重要的是学习陌生的文化与历史、他国的人文与生活。

世界にはあまりにも多くのものがあります。他国の言語を学ぶだけではなく、私たちが多くのものを熟知し探求する必要があります。言語はただ道具だけであり、それよりも重要なのは見知らぬ文化や歴史、他国の人文と生活を学ぶこと。

——哈佛大学校长德鲁・吉尔平・福斯特

C 論文体と口語体の一覧表

論文体は書き言葉と言います。書き言葉とは、物事を「文章で伝える」ときの言葉です。書き言葉は文字のみで情報を伝えるための表現方法です。卒業論文を書くときには書き言葉で書きます。

口語体は話し言葉と言います。話し言葉とは、一般的に人から人へ物事を「音声で伝える」ときの言葉を指します。話し言葉にはそれ以外に声の調子や表情など非言語と組み合わせて情報を伝えるための表現方法もあります。卒業論文を書くときに話し言葉は使いません。

書き言葉と話し言葉においては、品詞によってそれぞれの表現もずいぶん違います。筒井（2014）によれば、留学生への日本語作文指導の現場において「書き言葉」と「話し言葉」の差が出やすい品詞について確認されています。その中で、副詞、接続詞、接続助詞、文末表現について「書き言葉」と「話し言葉」に分類し、表に並べられて

います。以下、それらの違いについて詳細に説明します。

(1) 副詞

副詞の書き言葉と話し言葉の違い

書き言葉	例文	話し言葉	例文
まったく	雪がまったく降らない。	全然	雪が全然ふらない。
すべて	仕事はすべて終わった。	全部	仕事は全部終わった。
急速に	IT産業が急速に成長した。	どんどん	IT産業がどんどん成長した。
おそらく	社長はおそらく暇だと思う。	たぶん	社長はたぶん暇だと思う。
最も	中華料理は最もおいしい。	一番	中華料理は一番おいしい。
必ず	単語を必ず覚える。	絶対に	単語を絶対に覚える。
現在	現在、日本の経済は不況だ。	今	今、日本の経済は不況だ。

(2) 接続詞

接続詞の書き言葉と話し言葉の違い

書き言葉	例文	話し言葉	例文
しかし	生活は忙しい。 しかし、充実している。	でも	生活は忙しい。 でも、充実している。
だが	納豆はくさい。 だが、栄養がある。	けど	納豆はくさい。 けど、栄養がある。
従って	不況になった。従って、 輸入は減るだろう	だから	不況になった。だから、 輸入は減るだろう
そのため	彼は朝から高熱があった。 そのため、会議を欠席した。	それで	彼は朝から高熱があった。 それで、会議を欠席した。
なぜなら	この味噌はおいしい。なぜなら、 祖母の手作りだからだ。	だって	この味噌はおいしい。 だって、祖母の手作りだからだ。
また	横浜に行った。また、 鎌倉の大仏も見た。	あと	横浜に行った。あと、 鎌倉の大仏も見た。
では	では、本題に移ります。	じゃあ	じゃあ、本題に移ります。

(3) 接続助詞

接続助詞の書き言葉と話し言葉の違い

書き言葉	例文	話し言葉	例文
ので	インフルエンザが流行したので、学校が休みになった。	から	インフルエンザが流行したから、学校が休みになった。
ば	円安が進めば、輸出産業が強くなる。	たら	円安が進んだら、輸出産業が強くなる。
が	銀行に電話をかけたが、誰も出なかった。	けど	銀行に電話をかけたけど、誰も出なかった。
ます形	先輩に相談し、意見をまとめた。	て	先輩に相談して、意見をまとめた。
ずに	事務を通さずに、先生に直接お願いした。	ないで	事務を通さないで、先生に直接お願いした。
際	レポートを提出する際は、氏名を確認すること。	とき	レポートを提出するときは、氏名を確認すること。

(4) 文末表現

文末表現の書き言葉と話し言葉の違い

書き言葉	例文	話し言葉	例文
ては/では	教室で携帯電話を使ってはいけない。	ちゃ/じゃ	教室で携帯電話を使っちゃいけない。
なければ	今週中に論文を完成しなければならない。	なきゃ	今週中に論文を完成しなきゃ（ならない）。
ているでいる	連休なのに、宿題ばかりしている。	てるでる	連休なのに、宿題ばかりしてる。
ておく	ゼミの資料を人数分コピーしておいた。	とく	ゼミの資料を人数分コピーしといた。
のだ	メガネがないと、よく見えないのだ。	んだ	メガネがないと、よく見えないんだ。

D 院試の研究計画書の書き方

（修士や博士へ進学する際の研究計画作成法）
　「研究計画書」とは、大学院入試の合否を左右することもある、重要な書類です。

自分が、その大学院に入ったらどんな研究をしたいかを書く書類で、出願の際に提出をします。締め切りがあるので、時間に余裕をもって、記載することをおすすめします。

```
研究のテーマ
    具体的なテーマの紹介。
        ・何について研究するのか？
研究の背景
    A. 研究の動機
        ・なぜそのテーマに興味を持ったのか？
    B. 研究テーマへの興味・関心
        ・そのテーマにどのような理論的興味や関心があるのか？
    C. 研究テーマの重要性
        ・その問題はなぜ・どのような点で重要なのか？
これまでの研究の概要
    A. 研究の状況
        ・研究テーマに関する既存の研究はどのようになっているのか？
    B. 既存の研究の問題点の提示
        ・既存の研究をどのように評価するのか？
        ・既存の研究にはどのような問題点があるか？
研究の目的
    A. 研究の目的
        ・何を問題にして、何を明らかにしようとしているのか？
    B. 期待される成果
        ・研究を通じて何が明らかにできるのか？
研究の方法
    A. 研究の具体的な方法
        ・どのような方法で研究するのか？
        ・その方法がなぜ優れているのか？
    B. 研究の見通し
        ・その方法で問題が解決できる見通しはあるのか？
参考文献　出典と参考文献一覧表
```

出典：https://tap-biz.jp/business/business-document/1017432　20230729閲覧

E　大学院進学への依頼文の見本

この修士課程志望の件はモデルですから、設定された名前や場所などはフィクションです。

日本福岡大学　国際学部　異文化研究室
博多　雪夫先生（フルネーム）
　はじめまして、中国からの留学生海　桂林と申します。突然メールを差し上げることをお許しください。
　現在、私は中国にある海南経済大学国際貿易学部の四年生に在籍しておりまして、交換留学生として日本に来ています。これからも、コミュニケーション能力を更に向上させたり、自分の研究をもっと深めたり、日本での生活環境で自分を磨いたりするために、勝手ながらメールでご連絡させていただきました。
　私は、「異文化コミュニケーションにおける中日の違い」について強い関心を持っており、中国人に向けた異文化コミュニケーション交流分野を主な研究方向として考えております。
　中国ではこれまで、中日における異文化コミュニケーション交流についての比較研究の進め方について検討してきました。その上で、自らの志を成し遂げるためには、博多教授の研究室で院生としてさらなる研究ができれば、自分にとって最も理想的な一歩であると改めて思うに至っています。
　まだ未熟な考えで、至らない点も多々あると思っていますが、先生のもとで研究できるチャンスをいただきたく、勇気を振り絞り、メールをさせていただきました。
　お忙しいところ大変恐縮ではございますが、ご返答いただければ幸いです。心よりお待ちしております。何卒よろしくお願いいたします。
　添付ファイル：
　（1）研究計画書
　（2）自己紹介
==
中国海口大学
海　桂林（かい　けいりん）
E-mailアドレス：1036269548＠qq.con
==

与本书配套的二维码资源使用说明

本书部分课程及与纸质教材配套数字资源以二维码链接的形式呈现。利用手机微信扫码成功后提示微信登录,授权后进入注册页面,填写注册信息。按照提示输入手机号码,点击获取手机验证码,稍等片刻收到4位数的验证码短信,在提示位置输入验证码成功,再设置密码,选择相应专业,点击"立即注册",注册成功(若手机已经注册,则在"注册"页面底部选择"已有账号立即注册",进入"账号绑定"页面,直接输入手机号和密码登录),即可查看二维码数字资源。手机第一次登录查看资源成功以后,再次使用二维码资源时,只需在微信端扫码即可登录进入查看。